主 编

李宇凤

副主编

刘天泉

编 委

杜晓莉　谷　丰　韩江华　何　倩　李　果
刘春卉　刘　颖　俞理明　朱　姝　庄佩娜

李宇凤 —— 主编

汉语国际教育教学改革与实践探索

四川大学出版社

图书在版编目（CIP）数据

汉语国际教育教学改革与实践探索 / 李宇凤主编
. 一 成都：四川大学出版社，2022.12
ISBN 978-7-5690-5951-9

Ⅰ. ①汉… Ⅱ. ①李… Ⅲ. ①汉语－对外汉语教学－教学改革－研究 Ⅳ. ① H195.3

中国国家版本馆 CIP 数据核字（2023）第 017866 号

书　　名：	汉语国际教育教学改革与实践探索
	Hanyu Guoji Jiaoyu Jiaoxue Gaige yu Shijian Tansuo
主　　编：	李宇凤
选题策划：	王　冰
责任编辑：	刘一畅
责任校对：	荆　菁
装帧设计：	墨创文化
责任印制：	王　炜
出版发行：	四川大学出版社有限责任公司
	地址：成都市一环路南一段 24 号（610065）
	电话：（028）85408311（发行部）、85400276（总编室）
	电子邮箱：scupress@vip.163.com
	网址：https://press.scu.edu.cn
印前制作：	四川胜翔数码印务设计有限公司
印刷装订：	四川五洲彩印有限责任公司
成品尺寸：	170mm×240mm
印　　张：	10.5
插　　页：	2
字　　数：	179 千字
版　　次：	2023 年 3 月 第 1 版
印　　次：	2023 年 3 月 第 1 次印刷
定　　价：	48.00 元

本社图书如有印装质量问题，请联系发行部调换

版权所有 ◆ 侵权必究

扫码获取数字资源

四川大学出版社
微信公众号

目 录

课程建设

国际中文教育案例分析课现状及案例库建设探究
　………………………………………… 何　倩　王雨尧（3）
汉语国际教育专业现代汉语课程的两难目标与改革要点 … 李宇凤（9）
以兴趣为导向的语言学课程教学探索 ………………… 王　涛（22）

教材教法

对外汉语声调习得及教学方法改革
　——以尼泊尔高级汉语学习者为例 ………… 黄佳薇　李　果（33）
功能话题类教材的汉字编排问题及改进建议 …… 马菀聃　刘春卉（56）
基于框架语义学的第二语言词汇教学法研究 …… 韩江华　黄丽娜（67）
体演文化教学法与第三空间：国际汉语人才培养新思路
　………………………………………… 刘　颖　杨一雄（80）

学生培养

四川大学汉语国际教育专业硕士学位论文选题分析 ……… 杜晓莉（95）
汉语国际教育硕士学位论文语篇结束标记的使用情况调查
　………………………………………… 张映琼　杜晓莉（103）
关于构建国际汉语教师职业培训体系的思考 ………… 朱　姝（112）

学科发展

后疫情时代汉语国际教育专业人才培养的改革措施
　　——以线上汉语教学的互动优化策略为例 ·············· 邓佳欣（121）
新冠疫情下国际中文线上教学现状及思考 ·············· 周　璐（136）
重构线上教学生态，增强师生互动 ·············· 王　婧（154）

课程建设

国际中文教育案例分析课现状及案例库建设探究

何 倩　王雨尧

提　要　汉语国际教育硕士专业的设立旨在培养一批与国际汉语教师职业对口，具备专业的第二语言（汉语）教学教育技能和跨文化交际能力，能适应海内外汉语课堂的高层次应用型人才。因此，汉语国际教育硕士专业学位研究生的培养原则及课程设置需以专业实践为导向，重视理论与实践的结合与应用，突出对学生专业技能的培养。国际中文教育案例分析课作为汉语国际教育硕士专业的核心课程，具有较强的代表性，其教学内容和教学模式也需与时俱进，教师应根据专业要求及学生需求进行新的探索。

关键词　对外汉语教学　对外汉语课堂教学案例分析　案例库建设教学模式

一、前言

从《全日制汉语国际教育硕士专业学位研究生指导性培养方案》（以下简称《指导性方案》）中可以看出，当前汉语国际教育硕士专业的课程设置具有理论课与实践课并重的特点。此外，《指导性方案》也强调了教务实习的重要性。然而，现有的《指导性方案》存在理论与实践之界限过于分明的问题，这个问题在实际的教学中也同样存在。《指导性方案》中虽然设有学位预备课程，但这些课程的教学重点往往是对汉语基础知识的完善，很少涉及本专业的实践理论知识。与学位预备课程相对的实践类课程生动有趣，学生参与积极性高，但有时也存在游戏化和表面化的情况，这导致教师在课程结束后不能更好地引导学生进行更深入的反思和探索，从而造成了理论与实践的割裂。因此，教师如何在课程教学中加强理论与实践的联系，是教育改革工作者应该重点思考的问题。本文以国际中文教育案例分析（"国外汉语课堂教学案例"）这门核心课程为例，探索汉语国际教育硕士专业课程教学内容与教学模式，并提出一些新思考。

二、关于国际中文教育案例分析课程的新思考

（一）国际中文教育案例分析课程地位的改变

首先，在汉语国际教育硕士专业的入学考试中，"汉语国际教育基础"是必考科目，考查的内容包括国外汉语教学案例分析，且所占分值较大。可见，国际中文教育案例分析在汉语国际教育硕士专业课程中有比较重要的地位。然而，在很多高校的汉语国际教育硕士专业培养方案中，国际中文教育案例分析却被认定为选修课程，甚至是边缘性课程。

其次，在汉语国际教育硕士专业的入学考试中，考生在作答国际中文教育案例分析题目时需要运用已有理论知识并结合自己间接或直接的教学经验去发现问题、分析问题，最终解决问题，这就要求学生在理论学习的基础上进行表达与反思。因此，教师在教授国际中文教育案例分析课程时应该重点培养学生的综合分析与应用能力。但在很多高校的课堂实践中，任课教师往往忽略了上述内容。

最后，汉语国际教育硕士专业的大部分学生对国际汉语教师这一职业充满向往，期待在毕业后能站上对外汉语教学课堂的讲台。因此，他们希望能在攻读专业硕士研究生学位期间尽可能学习更多的专业课程，完善自身的知识体系，提高自己的教学能力和跨文化交际的能力，以满足多品类、多层级、多元化背景下的对外汉语教学要求。我们可以把汉语国际教育硕士专业的学生看作职前教师或者储备教师，攻读专业硕士研究生学位的过程其实就是他们学习如何成为一名合格的对外汉语教师的过程。这个过程并不是线性的知识累加，而是在与环境和他人的交互作用中，不断地进行社会化建构。也就是说，他们在这一过程中既需要不断反思自身的教学实践，总结直接的教学经验，也需要与他人合作，通过经验分享学习间接的教学经验。直接的

教学经验和间接的教学经验往往不是独立存在的，两者之间相互作用、相互影响。

由以上三点可以看出，国际中文教育案例分析课程回归它本有的核心位置是汉语国际教育专业硕士的培养目标和就业需要。教师在教授"国际中文教育案例分析"课程时，着重利用案例化的教学内容和教学模式，引导学生将知识学习和经验总结相结合，通过对真实的对外课堂教学案例进行分析，总结教学方法和教学经验，预判和规避一些在对外汉语教学课堂上容易出现的问题。

（二）国际中文教育案例分析课程教学内容及教学模式的转变

为了适应对外汉语教学现状，国际中文教育案例分析课程的教学内容和教学模式也应与时俱进。近年来，汉语国际专业发展迅速，汉语国际教育案例也越来越多，国内各高校也在积极收集相关资源，以支持汉语国际教育案例库建设。但从总体上看，由于各大高校收集案例的标准和建设案例库的标准不一，案例的质量良莠不齐，因此能够真正用于教学研究和教师培训的经典案例少之又少。此外，案例的分类标准也比较多元化，既可以按照语言要素进行划分，也可以按具体课型进行划分，还可以按国籍、教学环境、文化背景等因素进行划分。综上所述，国际中文教育案例分析课程的任课教师如何在有限的课时内科学地呈现多元化的案例是他们在实际教学中不可回避的问题。教师在课程中选用的案例也应具有动态性和创新性等特点。此外，突如其来的疫情使线上汉语教学成为"刚需"。因此，为了提高汉语国际教育硕士专业学生的线上汉语教学能力，教师还需要收集一批高质量的线上汉语教学案例，供学生参考。

从教学内容上看，国际中文教育案例分析课程需要依托真实的课堂教学案例。这些案例的实质是教师对实践经验的描述，是连接理论知识与实践经验的桥梁。高质量的课堂教学案例可以引导学生快速进入实践情景，并运用所学的理论知识解决实际问题，在这一过程中学生可将大量理论知识内化为可应用的知识储备。

从教学模式上看，国际中文教育案例分析课程的教学流程常借鉴哈佛商学院案例教学流程——"哈佛流程"，即第一步课前案例阅读，第二步小组课前讨论,第三步课堂讨论。在整个流程中,教师充当引导者的角色,负责向学生介绍重要的概念,引导学生发现案例中的深层次问题并提出解决方案。这样的流程安排符合案例教学法的理念,但每个案例之间是独立的,缺乏系统性,不利于学生进行知识建构。因此,可以借鉴"北外流程"[①]中的每章小结环节,并在此基础上进行创新,增添"模拟训练"环节。教师在整个教学计划中可以先将案例分成不同的版块,并集中力量解决其中一个版块中常出现的问题。例如,对于如何解决一堂新课中必须要面对的"破冰"环节,教师可以先按学习对象的年龄段对收集到的案例进行分类,然后进行有针对性的案例分析。教师在教学中按具体版块进行案例教学,不仅更符合汉语国际教育硕士专业"授人以渔"的教育理念,而且可以更好地培养学生面对新情景时分析和解决问题的能力,激发学生的创造力。

(三) 国际汉语教育共享案例资源库建设

为了满足教学需要,保持教学案例的动态性与时效性,教师在课程之外也应注重国际汉语教育共享案例资源库的建设。目前,四川大学文学与新闻学院应用语言学及汉语国际教育教研室也在加快国际汉语教育共享案例资源库的建设工作。下面将主要介绍该案例资源库的主要特色。

国际汉语教育共享案例资源库的特色主要体现在以下两个方面:

第一,与现有案例资源库案例来源相比,四川大学国际汉语教育共享案例资源库将获取案例的途径由教师拓展到学生。以一线教师的亲身经历为蓝本,进行适当整合和修改,这样的案例更具普遍性。比如很多案例教材中都涉及的"开学第一课",本专业学生可以从中学到如何做好课前准备,包括硬件设施准备和心理准备,如何进行"破冰"等。这种类型的案例大同小异,可以形成固定模式,适用于多种类型的课堂。但是,这种方式忽视了学生之间的差异,忽视了教学的另一主体——学生的教学体验。同样的课堂每个学生有不一样的学习体验,倾向的教学方法也不相同,获得学生的反馈对

[①] "北外流程"是指朱勇教授及其团队结合汉语国际教育专业案例课具体实施情况,在"哈佛流程"的基础上,增加"每章小结"和"论文汇报"两个环节,构成的课内外联动的新型案例课教学模式。

教师进行教学调整具有一定指导意义，更具针对性。这种案例的编写需要教师与留学生相互配合，表达学生最真实的感受。同时，对这一类型的案例进行分类时，应建立多个索引选项，让案例使用者能够更快更准确地查找到最匹配当前课堂情况的教学案例。除此之外，学生案例多为问题型案例，适用于本文提出的"模拟训练"，有利于提高汉语国际教育硕士解决实际问题的能力。

第二，该案例库增加了"本土教学案例"版块。目前汉语国际教育硕士培养方案的同质化现象普遍，缺少个性化项目，较少收集针对地域特色的教学案例。在四川，方言在日常生活中使用率高于普通话，来蓉留学生在学习汉语的过程中受四川方言的影响较大，出现用四川话进行交流的需求，这都是极具特色的教学资源和教学案例。因此，本案例库拟打造专业团队来搜集本土文化和本土语言的教学和交流活动案例，进而提供更具特色的案例资源，完善国际汉语教育共享案例库。

三、总结

无论是从《全日制汉语国际教育硕士专业学位研究生指导性培养方案》出发，还是从汉语国际教育硕士专业学生的实际需要出发，国际中文教育案例分析课程的开设都尤为重要。各大高校应在将该课程设置为核心课程的基础上，根据实际情况调整该课程的教学内容及教学模式。此外，为了确保该课程的专业性及前沿性，建设相匹配的汉语国际教育案例资源库也势在必行。

引用文献

原新梅，李昕升. 论案例教学在精品资源共享课中的应用——以"对外汉语教学概论"为例 [J]. 云南师范大学学报（对外汉语教学与研究版），2018（3）：13—20.

易娜伊. 社会文化理论视角下汉语国际教育硕士课程实施的个案研究 [D]. 沈阳：东北师范大学，2014.

马国彦. 国际汉语教师培养模式考察：问题与对策 [J]. 对外汉语研究，2013（2）：58—71.

李卫国. 汉语国际教育人才培养储备前瞻性研究 [J]. 河南大学学报（社会科学版），2013（4）：124—130.

吴应辉. 汉语国际教育学科建设中的中国担当与学术自信［J］. 国际汉语教学研究，2019（4）：27－29.

刘家思. "汉语＋"：固本强基　多维协同——浙江越秀外国语学院汉语国际教育专业"汉语＋"人才培养模式的改革与探索［J］. 现代教育科学，2019（9）：1－8＋41.

胡丛欢. 汉语国际教育动态案例资源库建设的构想［C］//第六届东亚汉语教学研究生论坛暨第九届北京地区对外汉语教学研究生学术论坛论文集. 北京：北京大学对外汉语教育学院，2016：624－631.

朱勇. 基于学生日志的国际汉语教学案例分析课反思［J］. 语言教学与研究，2019（1）：15.

作者简介：

何倩，四川大学文学与新闻学院语言学及应用语言学教研室讲师，主要研究方向为现代汉语语法、国际中文教育。

王雨尧，四川大学硕士研究生，研究方向为国际中文教育与汉语国际传播。

汉语国际教育专业现代汉语课程的两难目标与改革要点

李宇凤

提　要　本文辨析了当前汉语国际教育专业现代汉语课程改革的两种方案——课程分化和实践导向，提出现有改革方案存在要求失当、内容超纲、教学重复等问题，强调应该重申现代汉语课在汉语国际教育中的"专业基础课"地位，并据此采取相应的教学方案。现代汉语课程普遍存在难学难用、内容相对枯燥等问题，适合从凸显和深化专业基础性的角度加以改善：一是结合语言实例、展示汉语魅力，用鲜活的语言材料帮助学生理解掌握现代汉语的理论意义及现实价值；二是强化现代汉语研究体系的基础性、系统性，引导学生初步认识现代科学研究的路径、发展和实践过程。现代汉语课程教师应通过鲜活有趣的语言材料和灵活多样的教学手段，逐步向学生展示现代汉语语言学理论的基本构架、研究思路和实践应用，培养学生的语言兴趣，提升学生的语言能力，为学生未来的语言学专业知识学习和语言教学应用打下坚实的基础。

关键词　现代汉语课程　教学改革　专业基础性　实例教学　学科思维

一、引言：现代汉语课程的困局

现代汉语是汉语言文学、汉语国际教育等专业必修的基础课程，历来也是大学文科教育中公认最难教的专业基础课（史有为，1987；吴为章，1987；殷树林、吴立红，2015），该课程是"主干基础课，是语言学概论的选修课，是理论性和实践性都很强的必修课"（马庆株，2002）。无论是在传统的汉语言文学专业还是后来新设的汉语国际教育专业中，现代汉语课程教学问题都非常突出。其教学内容理论性强，授课教师既需要向学生系统介绍现代汉语的基础理论和基本知识，又要承担提高学生现代汉语理解、分析、运用能力的实践任务，以帮助学生为将来从事语言文字相关工作打好基础（教育部《现代汉语教学大纲》；邵敬敏，2002；黄伯荣、廖序东，2007）。从一线教师和学生的反馈来看，现代汉语课程理论繁多、内容零碎枯燥、实用性不强，学生学习兴趣不高，学习效果和成绩不理想（刘大为、巢宗祺，1995；李如龙，1998；汪国胜，2002；邵敬敏，2002；张雪涛，2005；马洪海、胡德明，2018；张伟，2018）。在具体研究为汉语国际教育专业开设的现代汉语课程时，研究者更加关注现代汉语的实践性，即专业针对性问题，并提出了各自的意见（孙春颖，2006；王倩，2013；吴莉，2014；李晨阳，2016；霍倩倩，2018；秦静诗，2021）。另外，由于现代汉语课程的教学内容与汉语国际教育专业开设的其他语言类课程，如语言学概论、汉语语言学导论、语言学专题等存在一定的交叉，又貌似存在故意增加理论难度的倾向，学生在学习该课程时往往兴致不高。在上述背景之下，明确现代汉语的课程目标和定位，围绕教学内容、手段、评价等采取相应的课程教学改革就显得尤为重要。

二、现代汉语的"专业基础课"性质与当前课程改革方案之评述

现代汉语课程在汉语国际教育专业所开设的课程中属于语言类系列，是汉语国际教育专业学生必修的专业基础课。所谓"专业基础"，是指汉语国际教育专业的学生要"具有扎实汉语基础"，只有具备扎实的基础，才能"进一步培养潜能"，从事"对外汉语教学及中外文化交流相关工作"〔中华人民共和国教育部高等教育司《普通高等学校本科专业目录和专业介绍（2012）》"汉语国际教育专业"〕。这里有两个要点：首先是基础性，其次是专业性。

首先，作为专业基础课，现代汉语课程必须是"基础"的，不能太难，要以讲解现代汉语基础理论和基本知识为主，通过基础知识体系的学习，提高学生的现代汉语，即普通话使用水平，使学生初步接触和理解现代科学研究的学科体系的基本构架和研究路径。也就是说，现代汉语课旨在帮助学生学习掌握现代汉语语言学知识，在大脑中建构起现代汉语语言学知识体系，

提高普通话水平，提升理解、分析和运用现代汉语的能力，培养基本的科学逻辑素养。对于汉语国际教育专业的学生来说，扎实的现代汉语理论基础是必备的。只有具备扎实的现代汉语理论基础，才能提高现代汉语使用水平以及理解、分析和运用汉语的能力，进而提高汉语教学的能力，为汉语国际教育事业添砖加瓦。

其次，作为专业基础课，现代汉语课程自然也必须是"专业"的，不能跟汉语国际教育毫无关联，但也不完全等同于汉语言文学专业的现代汉语课程。现代汉语基础理论和基本知识是汉语国际教育专业学生必须掌握的内容，是进行汉语教学的基础。因此，从学习内容上看，掌握现代汉语语音、词汇、语法、修辞、语用的相关知识和规律，符合汉语国际教育的专业特性。一个会说汉语的中国人，并不能自然成为一个好的汉语国际教师，原因就在于其缺乏现代汉语相关知识，知其然却不知其所以然，不能从专业角度提高汉语教学的效率，回答外国学生遇到的汉语学习问题。教师在教授汉语国际教育专业的现代汉语课程时，应该从汉语国际教育专业视角出发，重视汉语语言规律的讲解练习，站在汉外语言对比的角度突出汉语的特点，加大对汉语国际教学实践相关知识的分析讲解，帮助本专业学生提高汉语应用水平，提高其对现代汉语课程的重视程度，培养专业意识。

针对汉语国际教育专业现代汉语课程所面临的困境，研究者从"夯实基础"和"增强专业针对性"两个不同的角度提出了两种差别较大的解决方案（即课程改革方案）。一是课程目标分化，即把现代汉语课程的教学内容细分为汉语理论、汉语应用能力、汉语教学能力或者现代汉语语音、词汇、语法、修辞等模块，分别设置教学目标。二是专业实践化，即在现代汉语课程中融入汉语国际教学能力培养的相关内容，如教学案例分析、偏误分析等，提高课程的实践性。下面，笔者将分别对上述两种解决方案进行阐释和评价。

1. 课程目标分化

受传统现代汉语课程改革（李宇明，1993；刘大为、巢宗祺，1995；汪国胜，2002；邵敬敏，2002）的影响，部分教师希望通过把现代汉语的理论讲透，打牢学生的基础，为其将来从事现代汉语相关研究和汉语国际教学提供便利（吴莉，2014）。这种做法无疑增加了学生的学习负担和心理压力，让本来就难的现代汉语课程难度加倍（殷树林、吴立红，2015）。对大部分刚入学的大一新生来说，现代汉语课程是他们首次接触复杂系统的社会科学理论的媒介，要理解其理论构架和知识体系，对他们来说难度不小。因此，为了方便学生理解，提高学习效率，教师在教授现代汉语课程时需要结合一些语言例证。黄伯荣、廖序东主编的《现代汉语》一再强调结合语言例证的重要性，在2017年出版的《现代汉语（增订六版）》的内容提要中更是明确指出"系统讲授现代汉语的基础理论和基本知识"，"辅以丰富的例证讲解，符合一线教学实际"，具有"较强的实用性和可操作性"。也就是说，现代汉语的语音、文字、词汇、语法、修辞构成了一个完整的语言学知识体系，现代汉语课程应该深入浅出地教授这一知识体系，并兼顾语言学理论知识与语言能力提升的实用价值。

按照这一解决方案，我们可以将现代汉语课程进一步细分为现代汉语语言学理论和汉语应用表达能力等两门课，或者细分为现代汉语语音学、现代汉语词汇学、现代汉语语法学、现代汉语修辞语用学等四门课。然而，这样做虽然强化了现代汉语课程的专业性和研究性，却不具有可行性。从汉语国际教育专业课程体系角度来看，将现代汉语课程细分可能会进一步加剧现代汉语理论知识与汉语教学实践相分离的现状，违背开设现代汉语课程的初衷，不符合汉语国际教育专业特色和大一新生的培养规律。从教学实际的角度来看，汉语国际教育专业并没有足够的师资力量和学分容量去系统教授上述细分课程。这种分化的教学模式，与某些提倡现代汉语课应该致力于培养学生的研究分析能力的意见（曾丹，2015；张伟，2018）如出一辙，目标高远却不切实际，超出了学生能力和课程本身的内容目标范围，不仅实施起来相当困难，对实现既定的教学目标也非常不利。

2. 专业实践化

专业实践化是多数研究者提倡的汉语国际教育专业现代汉语课程的改革方案（孙春颖，2006；王倩，2013；吴莉，2014；李晨阳，2016；李维，2018；霍倩倩，2018；秦静诗，2021），基本做法是将对外汉语教学能力培养融入现代汉语课程。态度相对保守的研究者建议在语音、词汇、语法、修辞语用等内容的讲解方面选择强化跟汉语国际教学有关的知识点，引入偏误分析，加大汉语分析讲解的操作等，同时注重提高学生的普通话规范程度。态度相对激进的研究者认为可以弱化现代汉语知识体系的教授，强调汉语教学技能的培养，增加汉语教学案例分析和模拟教学环节（李晨阳，2016；李维，2018）。商务印书馆出版的"商务馆对外汉语专业本科系列教材"丛书中，《现代汉语》（齐沪扬主编，2007年版）的每一章都增加了与教学相关的内容（如第二章"语音"的第六节为"语音教学"），帮助学生了解相关内容教学的重点难点、常见偏误等。这可以看作是针对性教材改革的重要成果，也代表着专业实践派现代汉语教学改革的基本思路。然而，部分现代汉语课程的授课教师过分强调对汉语教学案例的分析与教学方法的传授，忽视或弱化了对现代汉语理论知识的教学。

总体来看，研究者无论支持哪一种解决方案，其目标都是让现代汉语课程在实质上挑起汉语国际应用型人才培养的重担。授课教师应该意识到，现代汉语课程是专业基础课，并非实践课，更不是操练汉语教学能力的场合，因此，将现代汉语课上成汉语课堂教学实践课或汉语语言要素教学课显然是不合适的。教师在教授现代汉语课时，应首先重视基础的现代汉语研究体系的讲解，帮助学生打牢基础。现代汉语课程的授课教师既要求学生掌握汉语的基本理论和基础知识，又要求其能够分析语言差异、解决偏误等，还要求其将知识转化为能力进行讲课操练，这不切实际。首先，现代汉语课程无法代替所有的专业基础课程和实践拓展课程；其次，这样做会大大增加学生的学习压力，降低其学习积极性。另外，对于汉语国际教育本科专业的课程设置以及该专业本科与硕士课程的衔接，早有专家学者及学习者提出，本科阶段开设的现代汉语与语言学概论等课程内容多有重复[1]，硕士阶段开设的汉语语言学导论、语言要素教学等课程也跟现代汉语内容趋近。如果再将作为专业基础课的本科一年级现代汉语课程变成既教基础又教偏误分析、汉语教学法等内容的实践课程，汉语国际教育专业各课程之间在教学内容上重复会更多。而且，大一学生在完全无基础的情况下就面临如此繁重的学习任务，其汉语教学水平和自身的汉语水平都很难得到提高。

---

[1] 实际上，现代汉语与语言学概论两门课程并非存在真正意义上的教学内容重复，两者的教学目标和重点都不同，学科体系本身也需要相互衔接。前者重在汉语知识讲解，提高汉语理解分析应用水平，后者重在语言学学科体系介绍。因为授课教师及教材对理论知识的展示不深，采用的例子也几乎只有汉语和英语，造成学生的学习体验上的重复感。

三、现代汉语课程的专业基础性改革要点

现代汉语课程改革，应该还原现代汉语课程的专业基础性。也就是说，要尊重现代汉语作为语言类课程的基础理论地位，从与汉语国际教学的关联度上理解现代汉语课程的专业性，在现代汉语教学方式方法和侧重要点上，解决其固有的理论性强、枯燥烦琐、趣味性弱、应用不足等突出问题。

黄伯荣、廖序东版的《现代汉语》教材虽历经多次改版，但都强调现代汉语理论与语言生活实例的结合。日常生活中也有很多生动有趣的例子能够起到帮助我们深入理解现代汉语理论的作用。现代汉语课程的基础性具有以下两点含义：首先，现代汉语课程是日常生产生活的基础；其次，现代汉语课程是汉语国际教育的基础。而现代汉语的专业性，既强调了汉语语言学理论知识在提升汉语国际教育专业学生表达能力方面所起到的作用，也突出了现代汉语理论知识和研究分析思路对其提高汉语教学能力的帮助。汉语国际教育专业所开设的现代汉语课程，其专业基础性并不是通过汉语知识的偏误分析能力或者对外汉语教学实践来体现的，授课教师要引导学生从汉语教学的视角发现现代汉语理论知识和研究框架的重要性，认识理解汉语作为语言体系的构成，以及在提升个人语言能力和科学思辨能力方面所起到的积极作用，为将来的汉语教学打下事半功倍的基础。

具体而言，现代汉语课程教学改革的重点是从以下三个方面根本解决现代汉语课程繁难枯燥、日常重复等问题，提高现代汉语在汉语国际教育专业中的针对性。

（一）结合语言实例提升语言理性，增强表达能力

加强语言实例的应用，通过语言实例讲解现代汉语理论知识，是一线教师共同的选择。黄伯荣、廖序东版的《现代汉语》也多次改版并在语言实例上狠下功夫。应用语言实例并非什么独特的新方法，但它的提出并未对改善现代汉语课堂枯燥难学的面貌起到多大的改善作用。造成这种现象的原因主要是实例的选择问题。现代汉语课程教材中的语言实例总是落后于时代。此外，受教材体裁的制约，入选教材的语言实例大多比较严肃、力求中规中

矩。也就是说，教材中的语言实例内容一般都比较枯燥，不能深入且生动地解释现代汉语理论知识。因此，教师在教授现代汉语课程时，不仅需要自行准备一些能解释现代汉语理论知识的恰当生动的语言实例，还要具有跨语言的敏感性，采用一些跟留学生汉语学习相关的、容易引起偏误的语言实例。不少研究者认为汉语国际教育专业的现代汉语课程教师还应该具有对外汉语教学经验。从语言实例提供的角度来看，教师具有一定的对外汉语教学经验在讲解现代汉语理论知识时确实有助于提高专业针对性和实践趣味性。

现代汉语课程教师在筛选语言实例时，应该重点考虑以下三种类型的语言材料。

第一，当今日常生活中常用的语言材料。教师应该尽量选择最新最常用的语言材料，如口头禅、当代流行语、网络段子等。这些语言材料往往比较生动有趣，能帮助教师提高学生在课堂上的活跃度和学习效率。比如现在流行"沉浸式回家、沉浸式撸猫、沉浸式追剧"等"沉浸式"结构，那么"式"作为准词缀的作用和形成过程可以从流行语中更好地去理解。再如现在有成语新解，如"油然而生"解释成"已近中年，人虽油腻，却勇敢地活着"，"度日如年"解释为"天天都像在过年"，这种新的解释是对成语按字面意思组合得到的，打破了成语的凝固性，能够加强学生对词、短语、固定短语的认识。

第二，当代大学生常用的表达特别是书面表达实例。现代汉语课程的教学任务之一是让学生具备基本的理解、运用和分析现代汉语的能力。有专家（殷树林、吴立红，2015）认为，大学生作为汉语母语者，本身就应该具备对汉语的基本理解力。我们认为，这里的"理解力"指的是汉语语义语用的高级理解能力，要提高这种能力，需要不断地学习。实际上，当代大学生在书面语和社会复杂问题方面的理解上是存在问题的，相应的，其运用和分析汉语的能力也存在很大的提升空间。2021 年 6 月，在北京师范大学召开的高校语言文字工作论坛上，各校专家都谈到了目前高校毕业论文中书面语的错漏问题。这些大学生常用的书面表达实例，更贴近大学生的学习实际，有助于提高他们学习现代汉语理论知识的自觉性。网络流传的"致向隽秀"论文后记，以及大学生毕业论文中出现的前后搭配失当、语体失当等问题，都可以作为现代汉语课堂上的语言实例。通过例证分析，大学生不仅能加深对现代汉语理论知识的印象，而且能切身体会到积累现代汉语理论知识和提升语言能力的重要性、迫切性，在深入理论学习的同时提高自身的语言素养。

　　第三，学生方言及外国留学生在学习汉语过程中出现的偏误。首先，中国是语言资源丰富的国家，现代汉语普通话也是历史与时代共同作用下对丰富语言资源的选择整合，是为了满足全国各族、各地人民的交际需要而产生的。汉语方言反映汉语发展不同阶段的特征，体现出相似相异的特点。高校学生来自五湖四海，使用的方言也不同，教师利用学生方言讲解方言分区与特征、汉语规范化发展、发音原理、汉语词汇发展、语法演进等，既可以调动学生的积极性，也可以提高课堂的趣味性，从而达到良好的教学效果。我们常用课堂方言调查方法帮助学生体会元音、辅音的发音原理，对比中外语音差异，练习繁难音标发音等，效果显著。例如，让来自不同方言区的学生用方言读绕口令，然后请全班一起分析绕口令"绕口"的原因，让学生根据不同语言在发音上的差异推测特定外国留学生读绕口令时可能会出现的问题。这种例证教学特别受欢迎，学生既能体会发音原理，又能加深对不同地区方言和不同语言的印象，还能提高他们的普通话水平和分析思辨能力。其次，外国留学生在学习汉语过程中出现的偏误也是例证教学的重要语言材料。对于外国留学生的偏误，汉语教师可以接触到很多，在网络媒体上的报道也有很多。此外，大学生自己也能接触到留学生朋友，所以对此并不陌生。我们在讲解现代汉语理论知识时，可以从汉外对比的角度看待汉语（教材中一般都有"汉语特点"一节，并不会增加学生负担），把一些有规律的留学生偏误引入教学，以便让学生更深刻地理解汉语的特点和规律，并且能够对汉语知识将来如何有利于汉语国际教育专业能力发展形成初步认识。例如，把字句和被字句的语法特征条目较多，而且有对应性。中国学生因为都会用，所以对理论概括比较反感，也记不住。我们可以以外国留学生的偏误"我把他看了/他被我看了"为例，说明把字句和被字句的影响性因素，即必须受动作影响产生明确结果，影响对象、结果等不明确，就会产生偏误。因此，如果将上述句子改为"他在洗澡没穿衣服，我把他看了/他被我看了"就好很多。一系列偏误例证下来，再对比英语对应表达，学生能较容易地体会到把字句和被字句的根本特征，一步了解语言表达都是以交际目的为导向的，明确任何好的表达都需要做到意义明确，进而实现特定的交际目的。

（二）强化专业基础，构建理论体系，培养科学思维

语言是鲜活的、日常的。大学生学习现代汉语往往有一种学科理论故意将简单的问题复杂化、将日常表达琐碎化的感觉，加之现代汉语框架系统庞大，内部细节密集，导致学生学习的兴趣不足，效果不佳。如果教师能够让学生理解现代汉语知识体系和语言学理论研究的思路构架，明白学科发展的一般路径和操作范式，体会将语言科学知识转化为现实语用（包括自身语言素养提升和汉语教学应用）的基础价值，就能够让枯燥的理论活起来，展示它本身的魅力，从根本上激发学生的学习动力。

现代汉语课是面向大一新生开设的专业基础课。学生们刚进大学，对社会科学研究和理论体系，以及社科研究的价值一无所知，很容易被上手快、操作性强的专业或课程吸引，形成"社会科学无用"或者"学汉语言文学专业就是要当作家"等错觉。对于汉语国际教育专业学生而言，他们以为汉语国际教育就是教如何上汉语课，只有学会如何上汉语课才是学到了真正的专业知识，所以部分学生会比较急功近利。我们现代汉语课的任务，不仅包括帮助学生建构其汉语语言学理论的基础知识框架，还有带领他们体会社会科学研究的操作过程及现实魅力，当然，这是在汉语基础理论和基本知识讲授以及学生理解分析应用汉语能力培养的核心目标的影响下进行的。

我们的课程教学改革致力于以点带面，以汉语知识细节带动汉语理论体系学习，以汉语理论体系带动整个社会科学学科的理解。换句话说，现代汉语课立足于语言事实，分析展示汉语语言学研究的操作方式及实用价值，逐步建立汉语国际教育专业学生在语言基础理论方面的知识体系，潜移默化地培养学生观察发现和分析解决问题的科学思维能力。

举例来说，与文字学相关的知识如造字法，特别枯燥，学生觉得分不清、难应用，于是提出质疑：学习文字学能让留学生很容易地学会汉字吗？作为教师，我们不是去教授汉字教学技巧，而是从文字的产生讲起，让学生首先明白文字产生的现实用途和必然方式。例如，我们可以引入以下例证，让同学们讨论误解的原因，体会文字的区分作用：

父亲对儿子说："儿子，我给你拿了快递。"

儿子正在心里美："我爸是隐形富豪。"

父亲接着说:"记得把快递费给我"。

接着,教师可以给学生布置一个任务,将全班学生分成几个组,让每组同学站成一列,站在最后的同学写一句简单的话,让前一位同学不用语言、不用现有汉字,将意思传递下去。绝大多数同学表示无法办到。这时,教师可以向大家讲解文字产生前古人的困境——他们需要记录,但是没有工具,所以要创造工具。古人可以利用的只有语言和现实世界,所以,描摹画图和利用原来约定的图画与音义的关系,是古人智慧而必然的选择。但是画图有弊端,看外国人写汉字就明白了,汉字笔画多,难画。所以世界语言确实是表音化趋势明显,因为"懒人创造世界"。文字是约定俗成的符号,而符号本身没有任何价值,只有在系统中的符号才能表达特定的意义。所以,我们可以进行文字改革,可以简化汉字,日文可以从汉字借入创造假名并和汉字同时使用。在这种趋势下,汉字就成了另类的存在,大家通过讨论形成这种现象的历史文化原因、繁简字及拼音化愿望等问题就更容易理解,外国人学习汉语的困难也一目了然——这是系统性差异。这种系统思维培养方式,可以让学生体会汉语知识体系的发展情况、社会科学的现实意义以及思辨活动带来的乐趣。

(三)丰富教学手段,活跃课堂气氛,促进融会贯通

强化专业基础、构建理论体系是现代汉语课程目标得以实现的基石,鲜活例证是改变理论体系枯燥面目的基础,而一切的重点还在于教师的课堂教学实施。我们要保证现代汉语课基本理论和基础知识讲授完整,追求学生喜闻乐见、兴趣盎然、学有所成的教学效果,靠的是课堂教学手段的丰富多样且切合需要。课堂教学手段的综合运用,是实现例证利用、理论深入和思维拓展的条件。

现代汉语课堂上强调的专业基础性,并不等于理论满堂灌、例子堆起来、知识全记住、考试看书本的老套路。现代汉语的专业基础知识和理论体系可以通过灵活有趣的教学活动呈现,实现其培养目标。我们的课堂可以采用讲故事的方式展示汉语知识的来龙去脉,通过做游戏、搞活动帮助学生体会语言的交际本质,运用"普方古民外"等方法对比展示汉语的规律及特色,开展普通话朗诵、绕口令朗读等课堂比赛提高学生的普通话表达水平,

通过语言调查、课外资料搜集等学术练习深化学生的汉语语言学理论理解，初步培养学生对思辨和研究的感知能力。

现代汉语课程教学应讲究融会贯通，让教学方法服务于知识及应用。前面举的汉字教学的例子就充分展示了从例子到理论到应用，再到整个社会科学发展和科学逻辑思路的融会贯通。再比如，对于词汇教学中的缩略词部分，包括缩略方式和缩略限制等知识，我们在教学时可以请同学们先调查当代流行缩略语，然后谈谈流行缩略语跟常规缩略语的差别，结合流行缩略词"人艰不拆、喜大普奔、YYDS、然并卵"等说明缩略语有很多类别。为了不违背语言的交际本质，我们必须遵守表意明确、不造成混淆的规则。教师可带领同学们做游戏，尽量多地搜集大学简称，看看有何规律。教师可以相机提问学生，引导大家总结体会缩略语的限制：为什么"四川大学"叫"川大"不叫"四大"，"山东大学"叫"山大"不叫"东大"？教师还可以带领学生考虑另一类词语新现象如"度日如年、油然而生"等的重新解释，请大家想象一下这些词语未来的词义变化，逐步联系词语解释、成语、词义演变等相关内容，达到系统性理解的目标。

现代汉语课的课堂活动和教学讲解都必须围绕汉语专业基础展开。课堂活动必须便利简单，结合实例准确切题；教学讲解应清楚明确，系统性、完整性突出，才能达到活跃气氛、融会贯通的效果。

四、结语：改革效果评估及展望

从四川大学 2007 年起开设对外汉语教育（2012 年教育部更名为"汉语国际教育"）本科专业以来，现代汉语一直是最重要、最受重视的专业基础课之一。该课程开设两学期，共 128 个学时。在现代汉语课堂上，任课教师不断完善实例灵活教学、强化专业基础性的系统教学模式，受到了广大学生的普遍欢迎，培养了一大批语言学爱好者和优秀的汉语国际教育专业学生。近 5 年来，学生的平均成绩在 85 分以上，专业基础扎实，语言表达能力强，且具备了基本的观察分析和思维创新能力。2020 年四川大学文学与新闻学院汉语国际教育专业的现代汉语课列入四川省一流本科课程，其教学方法也被其他专业的现代汉语课及语言类专业基础课广泛借鉴。

强化专业基础不仅符合现代汉语作为专业基础课的根本性质，也能够满足汉语国际教育专业学生对汉语语言学基础知识的需要，为其他专业理论及实践课程的教学做好准备。汉语国际教育虽然是应用型专业，实践性与针对性都很强，但是也不能忽略知识理论基础。我们不能把实践等同于实操，不能把专业基础教学变成专业技能操练，还原现代汉语课作为专业基础课程的本性，并在本性基础上改革突破其固有的"枯燥繁难"等困境，才能够夯实未来汉语国际教育实践能力培养的基础。

引用文献

冯艳. 现代汉语课堂教学方式新探［J］. 教学研究，2004（5）：439－442.

黄伯荣，廖序东. 现代汉语教学参考与自学辅导［M］. 北京：高等教育出版社，2007.

霍倩倩. 应用型本科现代汉语课程教学的探索与实践——以汉语国际教育专业为例［J］. 黑龙江工业学院学报（综合版），2018（5）：14－18.

季狄. 汉语国际教育专业现代汉语课程教学改革探索［J］. 产业与科技论坛，2015（14）：173－174.

李佳. 面向汉语国际教育的"现代汉语语音学"教学改革刍议［J］. 中国大学教学，2014（7）：67－70.

李维. 汉语国际教育专业现代汉语课堂教学改革探析［C］//Proceedings of 2018 4th International Conference on Creative Education (ICCE 2018) (Advances in Education Sciences，VOL.18).，2018：367－370.

李晨阳. 汉语国际教育专业现代汉语课程的教学改革［J］. 吉林华侨外国语学院学报，2016（1）：42－45＋22.

李如龙. 也谈现代汉语课程的改革［J］. 语文建设，1998（5）：41－44.

李宇明. 现代汉语教学目的论［J］. 荆州师专学报，1993（6）：91－95.

刘珣. 对外汉语教学概论［M］. 北京：北京语言文化大学出版社，1997.

刘大为，巢宗祺. 两种能力的课程分化——关于"现代汉语"教学改革的思考［J］. 语言文字应用，1995（2）：41－46＋113.

马洪海，胡德明. 汉语国际教育专业现代汉语课程学生学业评价研究［J］. 汉语国际教育研究，2018（0）：271－280.

马庆株. 信息时代高校语文教育刍议［J］. 中国大学教学，2002（Z1）：11－14.

秦静诗. 应用型人才培养导向下现代汉语课程教学改革探究——以信阳学院汉语国际教育专业为例［J］. 湖北开放职业学院学报，2021（13）：132－133＋138.

邵敬敏. 现代汉语课程教材的改革与创新意识［J］. 中国大学教学，2002（12）：28－30.

史有为. 十字路口的"现代汉语"课 [J]. 语文建设，1987（1）：22—23.

史有为. 选择、变革和期待——续谈十字路口的现代汉语课 [J]. 语文建设，1988（4）：30—32.

孙春颖. 对外汉语专业现代汉语课教学的探索与实践 [J]. 语言文字应用，2006（4）：103—110.

汪国胜. 关于现代汉语教学的几点思考 [J]. 华中师范大学学报（人文社会科学版），2002（1）：81—85.

王倩. 新建本科院校汉语国际教育专业《现代汉语》教学探微——以晋中学院为例 [J]. 河南教育（高教），2013（12）：42—43.

吴莉. 汉语国际教育专业"现代汉语"课程改革思考 [J]. 咸阳师范学院学报，2014（2）：90—92.

吴为章. 小议"现代汉语"课 [J]. 语文建设，1987（3）：9.

邢福义，汪国胜. 现代汉语课程改革的思路和目标 [J]. 语文建设，1997（12）：36—37.

殷树林，吴立红. 关于现代汉语课程目标、课程设置和教材选择的一些思考 [J]. 中国大学教学，2015（3）：51—54.

曾丹. 汉语国际教育专业语言类课程的教学改革实践与创新 [J]. 人文论谭，2015（0）：424—429.

张伟. 论现代汉语教学中提升语言分析能力的重要性 [J]. 黑龙江教育（理论与实践），2018（12）：61—63.

张雪涛. 现代汉语教学改革论析 [J]. 语言文字应用，2005（3）：124—129.

作者简介

李宇凤，四川大学文学与新闻学院语言学及应用语言学教研室副教授、硕士生导师。主要担任本科生现代汉语、语言学概论，研究生语言学专题、现代汉语语法研究动态与方法等课程教学工作。主要研究方向为现代汉语语法语用学、汉语国际教育理论研究。本文研究受"2021年四川大学研究生教育教学改革研究项目（立项编号：GSSCU2021005）"资助。

以兴趣为导向的语言学课程教学探索

王 涛

提 要 针对语言学类课程教学量大内容多的特点,教师在课堂上除了要强调学生的参与度,以提高学生的积极性和思考能力,还需要根据学习内容加强对学生的兴趣调动,以提高学生对现代汉语、语言学概论等知识的综合理解能力,形成良性循环,不断加强教学效果。

关键词 大学课堂 语言学 兴趣 课堂设计

一、引言

在中国语言文学学科内部,语言专业相对于文学专业更偏重理性思维的训练。在大学一年级的学生看来,这种理性训练往往比较生硬甚至无趣,而语言类基础课程如现代汉语、语言学概论等,都是大学一年级或二年级,即基础积累阶段非常重要的课程。如何将语言专业"教与学"的氛围牢牢固定在1~2学时的课堂教学之中,不仅需要学生自省,同时也是对教师教学教法的考验。前辈语言学家如王力、朱德熙、邵敬敏诸先生都在课堂教学方面进行了大量的探索。在前辈学者的指引下,当代语言学课程教学模式在外部环境和内部条件下都有了不小的变化,这也带来了新的挑战。

传统教学模式以教师讲授为主,学生被动学习。以信息化和网络化为平台创新教学方法,必然要改变传统的以教师讲授为主的教学模式,增加学生自学以及师生互动等环节的比重。大学课堂教学模式创新需要以"引导学生主动学习"为目的,"如何引导"的重要程度不低于"如何创新"。

以"翻转课堂"为例,如果学习积极性不高或者学习基础差,即便有丰富的网络资源和合理的课程安排,学生也无法在课堂互动环节达到教师预期，师生的互动过程也会变成对时间的浪费，效果不尽如人意。调研数据显示，创新教学方法实施的主要困难就在于学生兴趣不够、学习积极性差。

二、阅读兴趣问卷教学调查

我们认为，在课堂教学时，教师首先应该大体了解学生的阅读兴趣。

汉语国际教育专业的现代汉语课应设置充足的学生思考与展示的空间，从而引导学生参与课堂教学。例如，教师围绕教学内容，通过精心设置问题、组织讨论、构建网络资源平台等教学环节，创造学习、思考、研讨的氛围，引导学生把握课程知识，并在此基础上培养和提高学生的创新能力和思维能力，实现知识、能力和素质的协调发展。

在信息时代出生长大的学生，在思维方向和基础知识积累方面，都与20世纪的中文系学生有着很大的不同，在课堂教学过程中，教师常常想当然地认为"某书学生肯定读过""某观点学生肯定知道"，并在此基础上开展课堂对话，但效果往往并不如人意。通常的情形是：教师的教学热情与学生的兴趣相脱节，双方缺乏此环节的沟通，很多教学过程中应该存在的默契配合便不尽如人意。

为了在这方面做出尝试，笔者在现代汉语和语言学概论的课堂上，会向学生发放调查问卷（即《四川大学中文系学生阅读及 ACG 兴趣问卷》，见图1），了解学生对经典文学作品的掌握情况，以及新生代对动画、漫画、游戏等作品的兴趣。

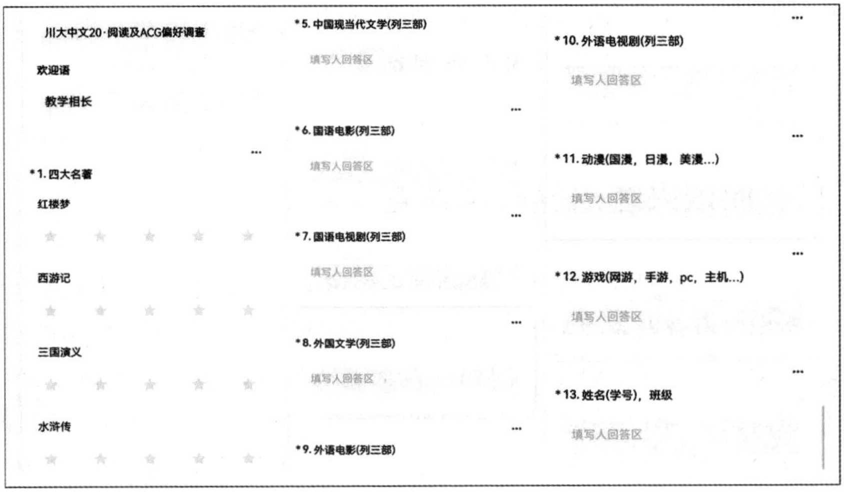

图1 四川大学中文系学生阅读及 ACG 兴趣问卷

该问卷累计有近 110 名学生填写，根据收集到的调查数据，可以得到比较有用的背景信息，如四川大学中文系学生对中国古典文学、外国文学的阅读取舍；流行文化对学生阅读兴趣的影响等。教师将这些信息有效引导至教学课堂中，不仅可以在备课时更大概率地结合学生的兴趣点；也可以在课堂教学中牢牢抓住学生的注意力，取得显著的课堂效果。例如，"哈利·波特"系列作品在学生中的熟知度已经非常高，近年来又衍生出不少热门的文化产品。教师在选择教学用例时不妨对其加以引用。

如能长期坚持问卷调查，及时收集整理问卷，得到一定规模的数据，则可以据此总结出历届中文系学生的阅读重心的迁移情况，从而得到更有价值的信息和结论。

三、绰号与词汇章教学设计

现代汉语词汇章的教学模式历来是学者们广泛讨论的内容。在课堂上，学生往往一边听教师讲解一边记笔记。记笔记这种辅助手段，虽然能分条目、系统地对某一个问题进行记述，便于日后复习、查验，但对于绝大多数知识点来说，笔记过于分散，学生的主体作用难以发挥，不便自学，不便预习。在教材知识点分散的情况下，教师的课堂讲解对学生的帮助非常有限，从而造成了学生对课本利用率低的情况。

为了达到现代汉语词汇教学灵活有效的目的，笔者平时注重对生动语词的收集，尤其是对涉及中英双语有趣对比例证的收集，这些例证通常可以直接用于词汇教学。此外，在课堂设计中，还可以加入学生感兴趣的话题来调动他们主动参与课堂的积极性。"绰号"就是一个很好的切入点。

图2是笔者在词汇章教学中的一次课堂设计。在广泛收集学生兴趣的基础上，笔者选择了"四大名著"、《围城》《哈利·波特》《三体》等文学作品以及《生活大爆炸》《权力的游戏》等热门影视作品中的绰号，结合词汇章的主要教学点（如名词与动词的搭配，形容词与名词的搭配）等，在课堂讨论中极大地吸引了学生的注意力。

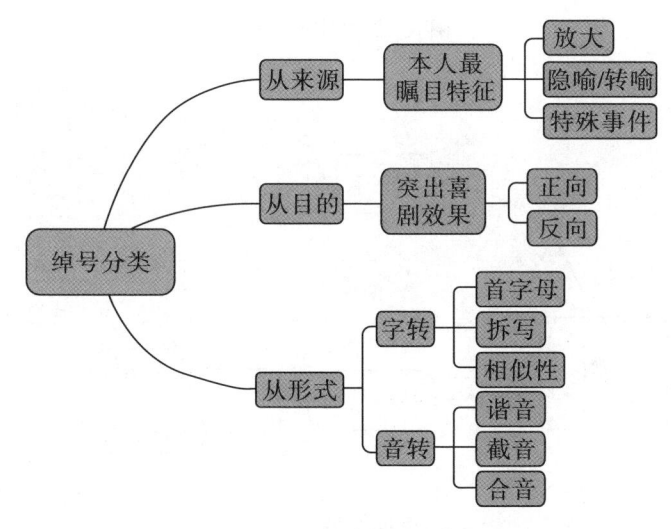

图2 "绰号与词汇"课堂教学

另外，笔者根据绰号中反映的汉语词汇规律，设计了作业"谈谈你遇到过的有意思的绰号，并说说其中反映了哪些词汇学知识"，让学生进一步巩固课堂所学内容（见图3、图4）。

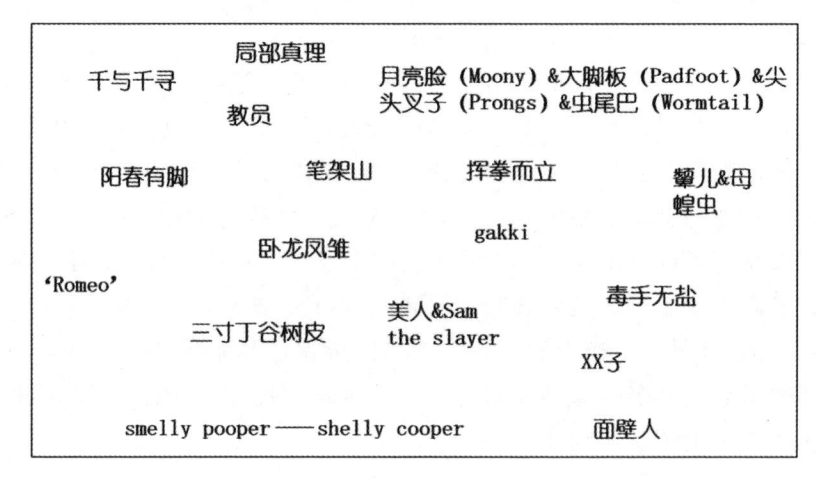

```
  千与千寻      局部真理      月亮脸(Moony)&大脚板(Padfoot)&尖
                教员          头叉子(Prongs)&虫尾巴(Wormtail)
  
  阳春有脚    笔架山       挥拳而立        颦儿&母
                                           蝗虫
              卧龙凤雏       gakki
  'Romeo'
              三寸丁谷树皮  美人&Sam       毒手无盐
                           the slayer
                                        XX子
  
          smelly pooper——shelly cooper    面壁人
```

图 3　学生作业（一）

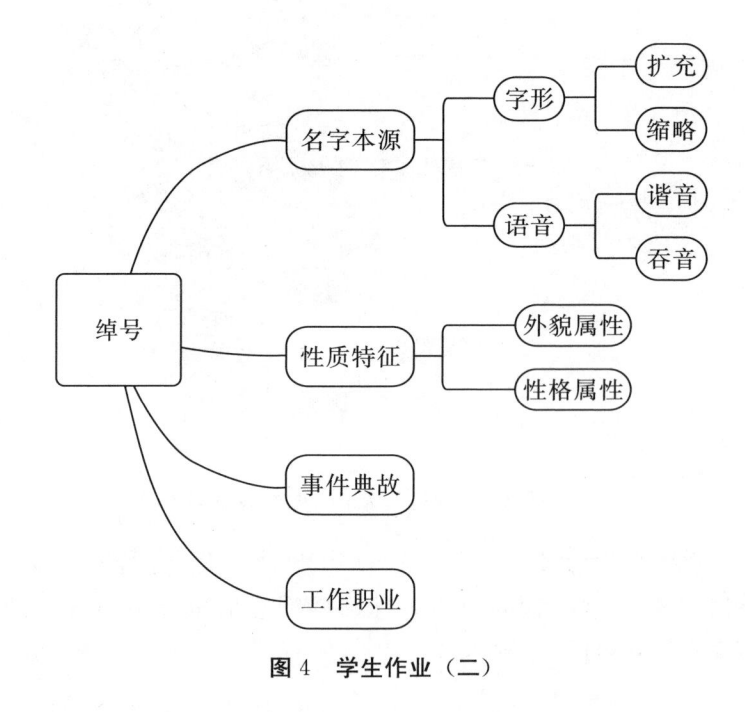

```
                          ┌─ 字形 ─┬─ 扩充
           ┌─ 名字本源 ─┤        └─ 缩略
           │              └─ 语音 ─┬─ 谐音
           │                       └─ 吞音
  绰号 ────┤
           │              ┌─ 外貌属性
           ├─ 性质特征 ──┤
           │              └─ 性格属性
           │
           ├─ 事件典故
           │
           └─ 工作职业
```

图 4　学生作业（二）

总体来看，学生对于该堂课的关注程度与完成作业的认真程度都非常高，不少同学反映自己的词汇学知识因此得到了"理论与实践"相结合的训练。

除了绰号，教师还可以根据学生的不同兴趣设计类似的教学环节，想办法激发学生的兴趣。教师将学生兴趣与课堂学习、课后作业结合，就会得到超过预期的教学效果。

四、语法章教学实践演练

大学教育内容的深度、广度和难度都比中学阶段高，学生学习的课程数量多，涉及的知识面广，且具有高度的概括性、抽象性和前瞻性。要让学生在每一次课堂学习中对自己所学的课程始终保持较高的学习热情，教师必须注重从授课方式、教学形式、教学内容等方面进行教学设计，优化教学质量，注意激发学生的学习兴趣。

教学过程是一个特殊的认识过程，是一个能够促进学生全面发展的过程。在教学过程中，任课教师应有目的、有计划地对学生进行引导，引导学生能动地进行认识活动，提高解决问题的能力，调节自身的兴趣和情感，在课堂规则下循序渐进地掌握语言学知识和基本技能。

现代汉语语法章（以下简称"语法章"）的教学历来是现代汉语课的重中之重。除了对"主述宾定状补"等语法成分的讲解，教师还要在举例中切中语法问题的重点，因此，历来讲授语法章的老师都十分注重例句的选择。除此之外，教师如果能将更加系统性的语法学理论引入课堂，将会取得更为明显的教学效果。

例如，在"句法大挪移"——语法章课堂演练课程中，笔者将讲授过的汉语语法基础知识结合到了一起。具体来说，笔者将学生分为"主""述""宾""定""状""补"等六个小组，在面对同一个场景/事件时，每个小组根据自己的角色，投票生成一个语法成分，将各小组的结果综合成一个语句，最后根据该语句的合法程度，结合汉语语法知识进行讨论（见图5、图6）。

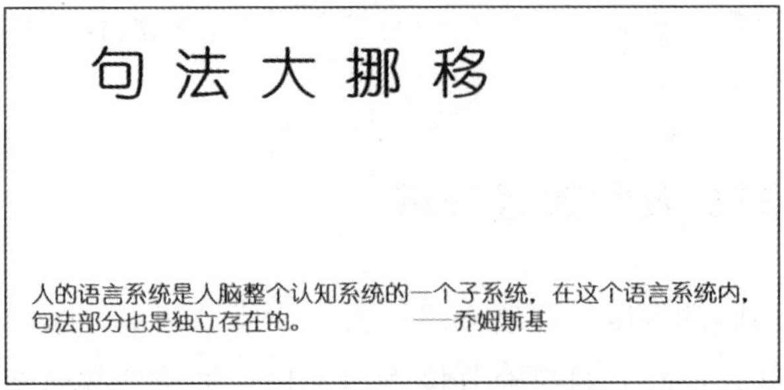

```
            句法大挪移

  人的语言系统是人脑整个认知系统的一个子系统，在这个语言系统内，
  句法部分也是独立存在的。           ——乔姆斯基
```

图 5 "句法大挪移"——语法章课堂演练 PPT

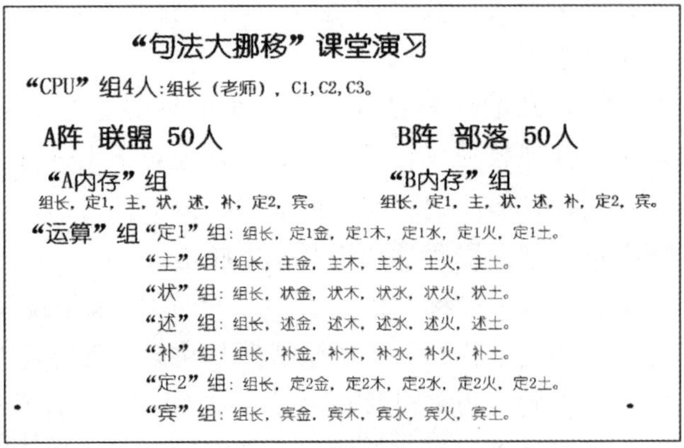

```
        "句法大挪移"课堂演习
   "CPU"组4人：组长（老师），C1，C2，C3。

   A阵 联盟 50人         B阵 部落 50人
   "A内存"组             "B内存"组
    组长，定1，主，状，述，补，定2，宾。   组长，定1，主，状，述，补，定2，宾。
   "运算"组 "定1"组：组长，定1金，定1木，定1水，定1火，定1土。
          "主"组：组长，主金，主木，主水，主火，主土。
          "状"组：组长，状金，状木，状水，状火，状土。
          "述"组：组长，述金，述木，述水，述火，述土。
          "补"组：组长，补金，补木，补水，补火，补土。
          "定2"组：组长，定2金，定2木，定2水，定2火，定2土。
          "宾"组：组长，宾金，宾木，宾水，宾火，宾土。
```

图 6 "句法大挪移"——语法章课堂演练环节小组分工

在设计演练环节时，笔者充分考虑到各组之间的有效协作，将"主述宾定状补"等语法角色分配给各组成员（见表 1）。最终，同学们在课堂上进行了 16 次演练。教师不仅调动了学生的兴趣，也将"实验"思维引入教学环节，向学生展示了语言学的"理工科"属性，得到了显著的效果。

表 1 演练结果统计与分析

		运算结果	耗时	生成方式
CPU 组	联盟	贞洁的钻石糖无助地散落在血色的记忆。		
	部落	闪亮的钻石糖浪漫地禁锢着声嘶力竭的影子。		

续表1

		运算结果	耗时	生成方式
内存组	联盟	散落、贞洁的、在、钻石糖、无助地、血色的、记忆		
	部落	着、禁锢、闪亮的、钻石糖、影子、声嘶力竭的、浪漫地		
运算组	联盟	述语：散落	1分25秒	投票
		定1：贞洁的	1分37秒	提议+应和
		补语：在	2分01秒	提议+投票
		主语：钻石糖	2分09秒	提议讨论+投票
		状语：无助地	2分17秒	投票
		定2：血色的	2分35秒	带节奏
		宾语：记忆	2分44秒	提议+投票
	部落	补语：着	1分30秒	提议+应和
		述语：禁锢	1分35秒	投票
		定1：闪亮的	1分56秒	因为是钻石所以觉得就是亮！
		主语：钻石糖	2分	直接提议+口头表决
		宾语：影子	2分06秒	一致同意
		定2：声嘶力竭的	2分15秒	根据宾语直接选出
		状语：浪漫地	2分28秒	投票

五、小结

本文从大学课程教学出发，针对中文系语言学专业课程的教学，对语言学课程的课堂教学方式和考核方式进行了具体设计，强调以渐进式引导的方式开展大学课堂教学，通过增加课程考核中的测验环节，帮助学生顺利从接受式的高中教学方式过渡到思考式的大学教学方式，实现良好衔接高中教育与大学教育的目标。

现代汉语课是汉语国际教育专业的一门专业基础课，该课程注重基础知识与应用能力的结合。受教学课时、教学内容、教学方法、教学手段等因素影响，汉语国际教育专业的现代汉语课程设计还存在许多问题，有待探讨与改进。

引用文献

邵敬敏. 现代汉语课教学方法改革刍议［J］. 语文建设，1993（9）：20－21＋4.

张岚，徐亮红. 现代汉语教学改革的研究与探索［J］. 教师教育论坛，2018（3）：82－85.

朱怀. 汉语言文学及相关专业"现代汉语"课程的问题与建设［J］. 牡丹江大学学报，2017（5）：174－175＋184.

李振中. 高师汉语语言学课程内容更新机制新探索［J］. 当代教育理论与实践，2012（9）：65－67.

作者简介

王涛，四川大学文学与新闻学院讲师，研究方向为汉语语法学、计算语言学。

教材教法

对外汉语声调习得及教学方法改革[*]
——以尼泊尔高级汉语学习者为例

黄佳薇　李　果

提　要　本文采用定量和定性相结合的方式，运用实验语音学的相关研究方法，分析尼泊尔高级汉语学习者的普通话单字调偏误，对比探究学习者们在声调学习方面存在的共性与差异。在此基础上，联系对外汉语教学实践，探究如何改进对外汉语声调教学方法。实验结果表明，在感知上，尼泊尔高级汉语学习者对阴平和去声的感知好于对阳平和上声的感知；在发音时，学习者们会混淆阳平和上声；在学习声调的过程中，学习者们产生的发音偏误主要有调域偏误和调型偏误，其中调域偏误普遍存在，而调型偏误会进一步导致调位偏误，这会影响实际交流中声调的发音辨义作用。此外，本文认为在对外汉语教学实践中，教师应该将听辨感知训练和发音产出训练结合，充分利用实验语音学方法，适当调整教学顺序，帮助留学生克服声调学习上的困难。

关键词　对外汉语　声调教学　调域　调型

---

[*]　本文在撰写过程中获得国家社科基金重大项目"基于汉语特征的多元语法理论探索（多卷本）"（项目编号：20&ZD297）、国家社科基金青年项目"核心重音视角下上古汉语句法研究"（项目编号：20CYY026）、教育部人文社科一般项目"韵律－语法接口视角下的《马氏文通》辞气研究"（项目编号19YJC740026）、四川大学创新火花项目库（人文社科类）重点项目"句法－语音互动视角下的上古汉语介词研究"（项目编号2019hhs－23）、四川大学文学与新闻学院2020年本科教学改革项目"原典教学"（"新文科背景下《马氏文通》教学改革的研究与实践"）的资助，特此致谢。

一、引言

世界上现存的语言共有五千多种，历史比较语言学家们用谱系分类法对世界上现存的语言进行了分类，其中使用人数最多的两个语系分别是印欧语系和汉藏语系（黄长著，1987：5）。声调是汉藏语系语言区别于其他语言重要的标志性特征之一，印欧语系语言则大多都是非声调语言（林焘、王理嘉，2015）。

汉语（普通话）是汉藏语系中最具代表性的语言之一，是一种典型的声调语言。声调是指音节所具有的高低升降的音高变化，具有区别意义的作用。普通话（指以北方方言为基础方言，以北京语音为标准音，以典范的现代白话文著作为语法规范的现代汉民族共同语，以下简称汉语或普通话）一共有阴平、阳平、上声、去声四个声调。

汉语声调是一个复杂的系统，对声调的本体研究已为本文揭示了声调的基本特征和重要作用。对外汉语教学领域也一直将普通话声调习得研究作为一项重要课题，随着实验语音学的发展，声调习得研究也取得了诸多成果。

（一）汉语声调的声学特征

音高是语音重要的物理因素，能够区别音节的意义的音高就叫作声调（林焘、王理嘉，2015），语音学研究从声学角度揭示出了声调的一些基本特征，主要包括调值、调型、调域和调长四个要素。调值主要由音高构成，普通话的调值通常用赵元任所提出的五度标调法进行描写，普通话四个声调的实际调值分别是 55、35、214、51；调型反映的是声调音高频率的变化情况，具体表现为声调音高的变化曲线；调域主要决定于基音的频率，从声调的最低音到最高音是基频的变化范围，也就是声调的音高（林焘、王理嘉，2015）。调长是指声调的时长，声调是一个持续的音段，不同声调有不同的时长。一般来说，普通话四个声调中，上声的调长最长，去声最短，阳平的调长比阴平略长一些（任静，2018）。

（二）汉语声调的辨义功能

声调的辨义功能指的是在声调语言中，声调能以其不同的调值或不同的调型来区别词或语素的不同词汇意义的功能（郭锦桴，1993）。赵元任（1980）曾提到，任何语言里有这种用嗓音高低的音位来辨别字的异同，就叫作声调。游汝杰等（1980）认为汉语声调的辨义功能具有普遍性，其音高变化形式也相当稳定，所以是与声位、韵位同等重要的音位。张林林（1986）也从音位学的角度来界定声调，认为声调具有的区别意义的作用与音位类似，他采用美国语言学家 D. M. Beach 的叫法，称之为调位（toneme）。他还提到，汉语调位系统可以从静态和动态两个方面考察，静态系统由汉语阴平、阳平、上声和去声这四个在单字调发音时相对静止的声调构成，这四个声调是最基本的四个调位；动态系统指普通话的四个调位在不同的环境或情况下可能有的不同表现，即通常所说的变调。这些不同的表现，也就是不同调位在组合中所产生的不同变体。在语流中，汉语的声调会受到语调的影响而变化，本文主要关注的是汉语声调的静态系统，因此在对汉语的单字声调进行调查研究时，要尽可能排除语调对声调的影响。

调位具有区别语音形式和意义的重要作用。对于留学生来说，声调对于实际交流与表达有重要影响，因此探究留学生声调偏误也应从声调辨义的角度来进行，分析留学生在声调习得过程中产生的调位偏误。

（三）对外汉语声调习得研究

对以汉语作为第二语言的学习者来说，汉语声调的学习是最难的。声调在汉语中具有区别意义的作用，相同的音节与不同的声调组合，其意义也是不同的，如果学习者声调掌握得不好，在交流时必定会产生理解上的障碍。因此，声调习得研究一直都是对外汉语研究领域的焦点和热点，对汉语声调习得的研究目前主要集中在声调偏误分析、声调学习难度顺序和声调教学方法启示等方面。

有关声调偏误分析的研究按实验对象的母语背景可分为两类，一类是对声调语言母语者进行的声调偏误分析研究，此类研究主要集中在对泰国、越南学生的声调偏误分析上,此外还有许多学者通过实证研究来探求母语的迁移作用,如赵金铭(1988)、李红印(1995)。另一类是将非声调语言母语背景的汉语学习者作为研究对象,通过声学实验进行声调偏误分析研究,如沈晓楠(1989)、王韫佳(1995)。在非声调语言的语音系统中,虽然存在音高的变化,但并不区别意义,音高的变化形式和作用都与声调语言不同。非声调语言母语的学习者从未接触过声调,无法调动母语经验来帮助汉语声调的学习。因此,对非声调母语背景的学生来说,声调的学习会相对困难。

不同母语背景的汉语学习者对于汉语声调的掌握情况有所不同,总的来说,声调发音偏误一般被归纳为两个方面:调型偏误和调域偏误。调型偏误表现为声调音高曲线上的错误,如将升调读成了平调,将曲折调读成了升调等;调域偏误是指声调音高曲线基本正确,但音高曲线的最低点到最高点的区域,也就是音区,太高或太低。留学生常见的调域偏误一般有将高平调说成低平调,将全降调说成半降调等(王韫佳,1995)。在对留学生的声调偏误进行分析的基础之上,一些学者还通过分析实验确立了留学生学习汉语声调的难度顺序,余蔼芹(1985)曾提出外国人学习声调时最容易掌握的是阴平,其次是去声、阳平、上声;沈晓楠(1989)在分析美国学生的声调偏误时得出的结论有所不同,她认为掌握去声和阴平的难度是大于阳平和上声的;王韫佳(1995)的调查研究结果显示,美国留学生对阴平和去声的掌握好于阳平和上声,她在进一步的研究分析后还发现,汉语四个声调的错误类型各有不同,阴平和去声的发音错误是调型错误,而阳平和上声的发音错误是调域错误。

很多声调偏误研究都是针对特定母语背景的汉语学习者来进行的(王韫佳,1995;祁慧琳,2007;白杉,2013;王溢,2014等),对日语、韩语、泰语、越南语等语言背景的留学生进行的偏误分析研究占多,对其他母语背景的汉语学习者的声调偏误研究相对较少,将不同母语背景的留学生声调偏误进行对比研究的则更少。

值得注意的是,已有的对外汉语声调习得偏误研究大多都以学习汉语时间在一年左右的初级学习者为调查对象,对学习汉语时间超过一年的中高级留学生的声调偏误研究相对较少。其实,对很多汉语学习者来说,即使他们已经学了多年汉语,对语法和词汇的掌握都已达到高级水平,但在声调上仍然会出现一些难以克服的问题,这也会影响汉语学习者们对汉语的实际运用。"洋腔洋调"这种僵化现象不会随着汉语水平的提高而消失，反而会持续相当长一段时间，甚至会伴随学习者终生（王建勤，2017）。

对外汉语教学领域内的声调研究以教学为核心，其出发点是改进教学方法，解决实际问题。声调研究与其他相关的语言学分支学科的联系也非常紧密，如实验语音学、认知语言学、第二语言习得等。近年来，许多现代的实验手段和技术的使用让对外汉语教学领域的声调研究取得了一些新的进展，但无论是声调偏误分析的研究，还是声调研究方法的改进，都还有值得探索之处。

综上所述，本文着眼于普通话单字声调的习得问题，以学习汉语三年以上的尼泊尔高级汉语学习者为调查对象，采用实验语音学研究方法，通过分析比较尼泊尔高级汉语学习者在声调习得过程中产生的偏误，对比探究声调习得过程中存在的共性，并针对对外汉语声调教学方法提出一些建议。

二、研究方法及实验设计

在第二语言习得研究中，感知与产出之间的关系一直受到许多关注，James Emil Flege（1999）曾提出，即使高度熟练的第二语言学习者，他们的感知与发音之间依然表现出相当大的关联。王韫佳（2003）曾在其讨论第二语言习得研究方法的文章中提到，在语音的实验研究中，被试的作业总的来说有两类：一类为知觉作业，即让被试对制作专门语音信号进行听辨；另一类为发音作业，即制作专门的发音材料，让一定数量的被试发音。因此，要考查留学生汉语声调的掌握情况，应从感知和发音两个角度入手；要考查其听辨感知能力则应该考查在日常交际环境中留学生能否区别他人四声调的发音，进而通过声调的不同来区别词义。考查发音是从声调发音产出角度出发，考查留学生的声调发音情况，探究声调偏误以及声调区别词义作用的实现。

实验语音学作为现代语言学的重要组成部分，在20世纪30年代就被用于汉语语音分析，近几十年来，各大高校语音实验室的建立也极大地促进了语音研究和语音教学的发展，本文将围绕实证展开，用真实的数据结合语音实验进行声调偏误分析。

（一）实验对象

本实验的实验对象是来自尼泊尔的高级汉语学习者，其母语是尼泊尔语（Nepali）。尼泊尔语在语言谱系上属于印欧语系印度语族、印度－雅利安语支，属于非声调语言（黄长著，1987）。实验对象的汉语水平都达到了高级水平，本文对"高级汉语学习者"的定义为：学习了3年以上的汉语，且取得了HSK 5级证书。6位实验对象的相关信息见表1：

表1 实验对象信息表

姓名	年龄	性别	文化程度	母语	学习汉语时间
F1	22	女	本科	尼泊尔语	3年
F2	23	女	本科	尼泊尔语	3年
F3	25	女	本科	尼泊尔语	3年
F4	28	女	本科	尼泊尔语	4年
M1	28	男	本科	尼泊尔语	4年
M2	35	男	博士	尼泊尔语	5年

（二）实验材料

本实验的实验材料为普通话单音节词发音表（共2份，一份为听辨标注实验词表，用于听辨判断；一份为声学分析实验词表，用于录音分析）。听辨标注实验词表和声学分析实验词表中的选字不重复，以保证实验结果的准确性。每张表共4组，每组有10个单音节词，选用实验对象熟悉的汉字，并标注汉语普通话的拼音和声调。词表设计按简单音节的原则选字。韵母尽量选用单元音，如［a］、［o］、［e］、［i］、［u］、［y］，不选用复韵母和鼻音尾韵母（如［ei］、［an］）；声母选用不送气清塞音（［p］、［t］、［k］）、擦音（［s］、［x］、［f］、［ʂ］）、鼻音（［m］、［n］）以及零声母，避免边近音、塞擦音、送气音等（如［l］、［ts］、［pʰ］）对韵母发音和感知影响较大的复杂声母，减少对实验结果的干扰（详见附表一、附表二）。

(三) 实验设计

本实验围绕着声调偏误分析展开，实验分为听辨标注实验和声学分析实验两个部分。

1. 听辨标注实验

听辨标注实验主要从调查对象声调感知的角度入手，给调查对象播放汉语母语者标准的普通话单字调发音，让调查对象判断所听到的声调属于哪一类调型，之后由实验工作人员对调查对象感知的正误进行收集、统计和分析。具体实验步骤如下：

步骤一，使用上海高校比较语言学E研究院与陕西师范大学文学院共同设计的软件Field Phone（2016版）进行录音，发音人是一位年龄为25岁、普通话水平等级为二级甲等的北方女性，录音材料为听辨标注实验词表，获取录音后将录音文件整理成乱序的音频资料。

步骤二，6位实验对象在安静的环境中听音频，并填写听辨标注实验调查表，判断所听到的音节的声调。

步骤三，根据实验对象在听辨标注实验调查表中填写的关于四个声调的判断情况，统计正确率并进行数据分析。

2. 声学分析实验

声学分析实验是一种能更加准确、客观地反映调查对象声调发音情况的研究方法。已有研究指出频率和音高（pitch）之间存在数学上的对数关系。不同发音人对同一个声调的发音，其基频值（F0）不同；同一个人发同一个声调，每一次的基频值也不同。Praat是一款由荷兰阿姆斯特丹大学人文学院语音科学研究所保罗·博尔斯马（Paul Boersma）教授、大卫·威宁克（David Weenink）助理教授开发的语音分析软件，本实验使用Praat（6.0.48版）对调查对象的录音进行声学分析，并通过归一化处理，获得各标准点基频值的对数值，再计算出它们的平均值（$\log_{10} m$）和标准差（$\log_{10} s$）作为归一化参数，最后用这些参数求出对数基频值的z-score（LZ）。[①] 公

[①] 该方法由朱晓农在《上海声调实验录》（2005年版）第三章中提出。

式如下：

$$LZ=(\log_{10}T-\log_{10}m)/(\log_{10}s)$$

（其中 T 为该点基频频率值）

具体实验步骤如下：

步骤一，在安静的环境中使用录音软件为调查对象进行录音，录音材料为声学分析实验词表。

步骤二，为使录音结果得到声学上的验证，通过归一化方法处理录音材料，绘制出实验对象普通话绝对时长声调曲线图。

步骤三，将绘制出的实验对象普通话绝对时长声调曲线图和普通话标准声调曲线图进行对比，分析实验对象存在的声调发音偏误。

步骤四，整合实验对象的声调曲线图，绘制出6位调查对象阴平、阳平、上声和去声四个声调的声调曲线分布图，按声调将实验对象的发音曲线进行比较，探求其在声调偏误上的共性。

步骤五，结合听辨标注实验之结果，考察实验对象在学习汉语声调时产生的偏误。

三、实验及结果

本实验于2019年3月进行，实验地点为四川师范大学狮子山校区。6位母语为尼泊尔语的汉语高级学习者先进行听辨标注实验，再进行声学分析实验，两项实验的噪音均控制在40dB以下。实验用到的电子设备有笔记本电脑内置声卡和普通耳麦；声音处理软件包括 Field Phone（2016版）和 Praat（6.0.48版）。

（一）听辨标注实验结果

根据表2，6位实验对象对汉语声调的感知情况都是良好水平，在听辨标注实验中总正确率在80%及以上的有3人，总正确率在70%~80%的也是3人。从6位实验对象的平均正确率来看，其阴平和去声的正确率明显高于阳平和上声，其中去声的正确率最高，阴平其次，阳平和上声的正确率最低，都为70%。

表2　听辨标注实验正确率统计表　　　　　（单位：%）

调查对象	T1	T2	T3	T4	总正确率
F1	90	60	60	100	77.5
F2	90	70	60	100	80
F3	90	80	70	90	82.5
F4	70	70	60	90	72.5
M1	80	80	60	80	75
M2	70	60	90	100	80
平均正确率	81.6	70	70	93.3	

表3所显示的是听辨标注实验中6位实验对象普通话四声混淆的次数。实验结果显示，6位实验对象对汉语四个声调的感知混淆主要集中于阳平和上声，对阴平和去声的感知混淆相对较少。调查对象在感知阴平时，容易将阴平混淆成阳平或上声，且主要是将阴平混淆成阳平（7次）；在感知阳平时，则容易混淆阴平和上声，且主要是将阳平与上声混淆（15次）；感知上声时，会与阴平、阳平产生混淆，主要是与阳平产生混淆，上声混淆成阳平出现了14次；在感知去声时，实验对象产生的混淆是最少的：与阴平产生了3次混淆，与阳平产生了1次混淆。由此可见，在听辨感知上，尼泊尔高级汉语学习者对去声的感知情况最好，阴平次之，阳平和上声最差，两个声调之间也很容易产生混淆。

表3　普通话声调听辨混淆统计表　　　　　（单位：次）

	T1	T2	T3	T4
T1		7	3	0
T2	3		15	0
T3	5	14		0
T4	3	1	0	

（二）声学分析实验结果

声学分析实验结果以绝对时长声调曲线图的形式呈现，在考察实验对象的声调发音偏误时，本文主要关注声调曲线的起点与终点、高点与低点以及曲折调的转折点。实验结果显示，6位实验对象的声调发音都存在调域上的偏误，部分实验对象还有调型和调位上的偏误，具体情况如下（见图1、图2）。

图1　实验对象F1普通话绝对时长声调曲线图

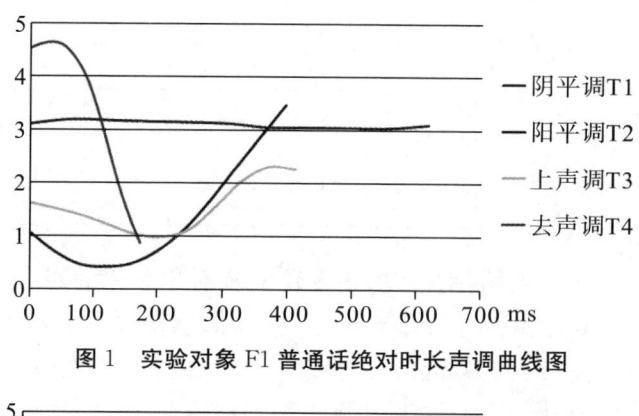

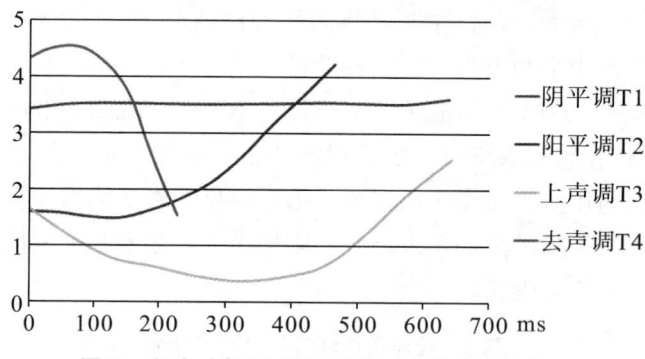

图2　实验对象F2普通话绝对时长声调曲线图

根据图1，实验对象F1的声调发音同时存在调域偏误和调型偏误。该实验对象的去声发音情况比较好，基本不存在偏误，其他三个声调的偏误问题则较为复杂，F1在产出阴平时，其实际调值是44，没有达到普通话阴平的55调，调值偏低；在产出阳平时，除了调域偏误外，在调型和调位上也存在问题，该调查对象阳平产出的实际调值大致为214，与普通话上声的调值相同，而该调查对象上声产出的实际调值为213，升调段并没有升到上声的4度。这说明F1混淆了阳平和上声的发音，其产出阳平和上声时几乎没有区别，不具有辨义作用。也就是说，该调查对象在调位的区别上也存在问题。

根据图2，实验对象F2的声调调型基本没有问题，其主要偏误为调域偏误。该实验对象阴平的产出情况与F1相同，调值都偏低，此处不再赘述；其产出阳平时问题在于声调的起点音高稍微偏低，但整体调域是基本正确的；其上声的声调偏误同样也是调域问题，实际调值只有213，终点音高不够；其产出去声时的主要问题在于声调的终点音高没有降到最低，将全降调发成了半降调，实际调值为52调，调域偏窄。

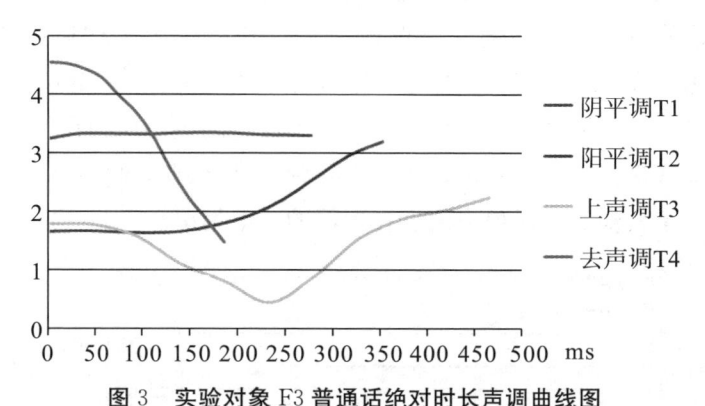

图3 实验对象F3普通话绝对时长声调曲线图

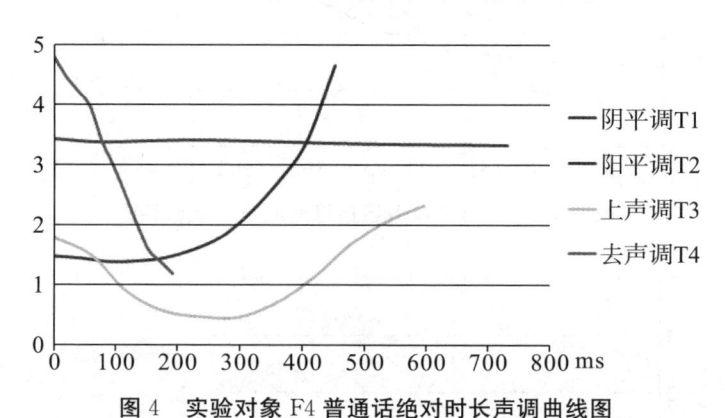

图4 实验对象F4普通话绝对时长声调曲线图

实验对象F3在产出四个声调时的调型也都基本正确，其偏误主要是调域偏误。F3产出阴平时的实际调值是44，这与之前两位实验对象的情况相同；产出阳平时，调型基本正确，但实际调值是24，整体的调域偏低；产出上声时，实际调值是213，声调的终点没有升到4度，调域偏窄；产出去声时存在调域偏误，将全降调发成了52调，声调的终点降得不够低。

实验对象 F4 的声调掌握情况整体不错，四个声调的调型都基本正确，其偏误主要集中在调域上。F4 阴平的发音偏误与之前的几位情况相同；阳平的发音较好，只是起点音高稍微偏低，这与实验对象 F2 相同；其产出上声和去声时的问题与其他实验对象也基本相同，上声的终点音高偏低，还未升到 4 度就停止了，去声的终点降得不够低，调域都偏窄。

实验对象 M1 的声调偏误也集中在调域方面。M1 产出阴平时的偏误问题也是调值偏低，发阳平时实际调值为 23，声调的整个调域偏低且稍窄，将低调域用于高声调。M1 产出上声时的实际调值为 212，升调部分的时长太短，终点升得不够高，调域太窄；产出去声时的主要问题在于声调的终点音高没有降到最低，将全降调发成了半降调，且该调查对象产出去声时调长稍长，不同于其他实验对象去声发音短促的一般情况。

图 5　实验对象 M1 普通话绝对时长声调曲线图

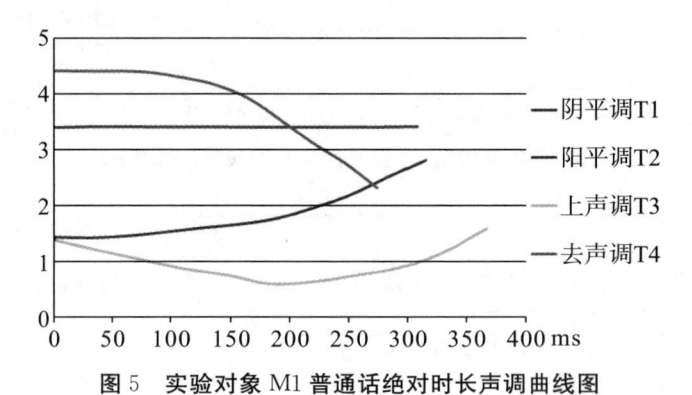

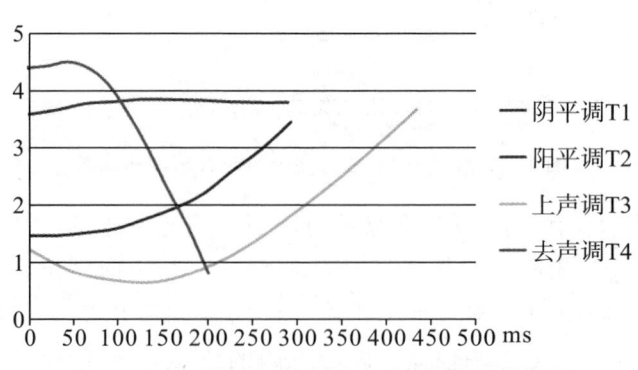

图 6　实验对象 M2 普通话绝对时长声调曲线图

实验对象 M2 是 6 位留学生中声调掌握情况最好的一位，其发音偏误较少，上声和去声的发音都基本没有偏误，阴平和阳平的调型都基本正确，但仍存在一些问题，其产出阴平时的实际调值为44，调值偏低，这与之前的几位实验对象情况相同；产出阳平时的实际调值为24，调域整体偏低。

（三）声调曲线分布情况

综合6位实验对象的普通话绝对时长声调曲线图来看，他们在阴平和去声上的发音偏误较少，阳平和上声的发音偏误较多。

如图7所示，6位实验对象的阴平声调曲线基本重合，只有声调时长上的差异，而阴平发音也都是在调值上存在偏误，6位实验对象的阴平调值都是44，调值偏低。

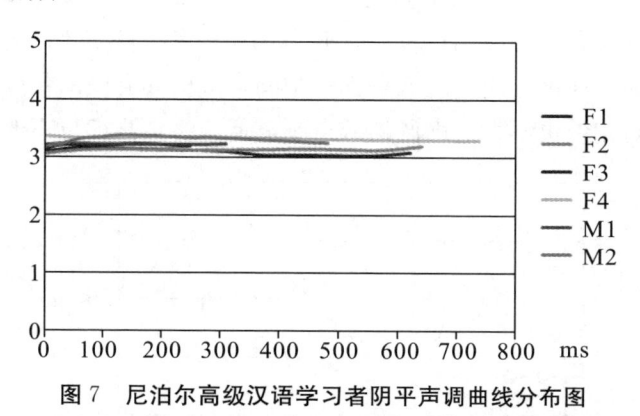

图7 尼泊尔高级汉语学习者阴平声调曲线分布图

6位实验对象阳平的发音存在调域偏误和调型偏误两方面的问题。其中实验对象F2、F3、M1、M2的阳平发音都存在调域上的问题，整体调域都偏低；F1的阳平发音偏误是调型偏误，其阳平的实际调值为214，调型为降升调，与上声调位冲突，也存在调位偏误；F4的阳平发音是比较好的，问题在于声调的起音偏低，这也是6位实验对象共同存在的问题，6位实验对象产出阳平时起音都在2度，而普通话阳平的起音应该在3度。

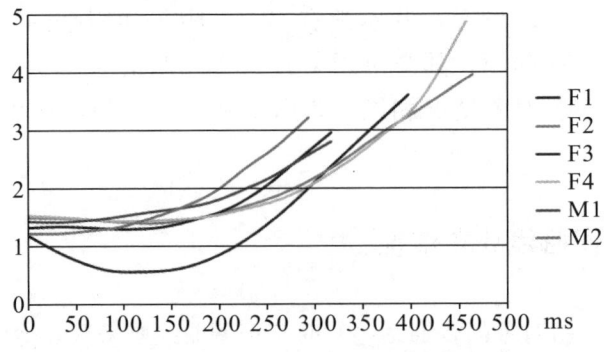

图 8　尼泊尔高级汉语学习者阳平声调曲线分布图

上声的声调偏误较为复杂，6 位实验对象中只有 M2 上声的发音比较标准，其余 5 位的上声发音均有调域和调型上的问题。这 5 位实验对象上声的升段都升得不够高，基本只到 3 度就停止了，M1 甚至在 2 度时就停止了，且上声的发音应该是降段调长较短，升段调长较长。除了 M1 之外，其余 5 位实验对象的上声声调曲线的低点都在中间，降段和升段的长度相同，起点和终点的音高相差也不大，声调的低点不够低，终点高度也不够高。

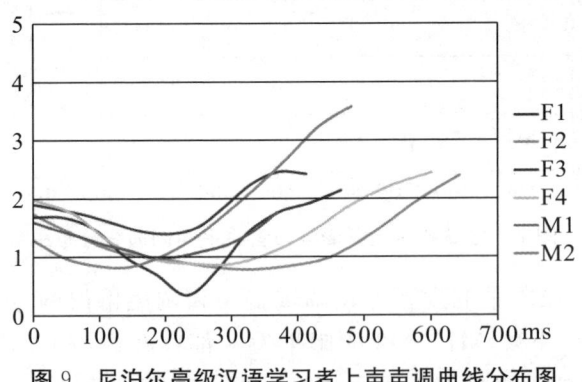

图 9　尼泊尔高级汉语学习者上声声调曲线分布图

去声的声调偏误是四个声调中比较少的，6 位实验对象在调型上都没有问题，主要是调域偏误，而具体又表现为声调的终点音高不够高，调域偏窄。其中 F1 和 M2 的去声发音比较标准，而其余调查对象的声调调域都偏窄，声调的终点降得不够低，将全降调发为半降调，M1 的去声调域偏误最明显，其实际调值是 53，音高降到 3 度就停止了。

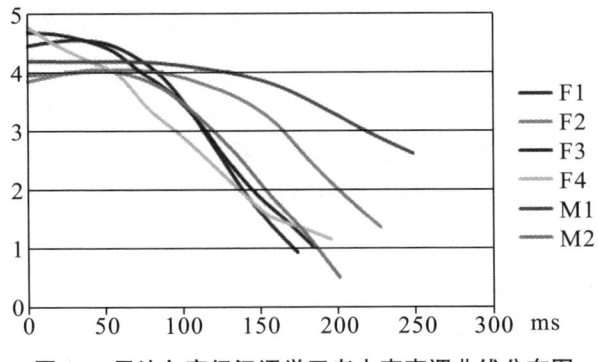

图10 尼泊尔高级汉语学习者去声声调曲线分布图

四、讨论

根据以上对6位实验对象声调偏误进行的分析可以得出以下结论，尼泊尔高级汉语学习者的感知偏误主要在于对阳平和上声的混淆，发音偏误主要有调域偏误和调型偏误，其中调域偏误是主要问题，调型偏误有可能导致调位偏误，影响实际交流中的声调的发音辨义作用；尼泊尔高级汉语学习者对普通话四个声调的掌握情况也有所不同，一般来说，他们对阴平和去声的掌握情况要好于阳平和上声。

（一）声调偏误分析

尼泊尔高级汉语学习者的声调感知偏误主要在于对阳平和上声的混淆，声调偏误较复杂，下文将进一步展开讨论。

6位实验对象在产出四个声调时，阴平和去声的声调偏误较少，阳平和上声的声调偏误较多。声调偏误主要有调域偏误和调型偏误两种，其中调域偏误一般表现为调域偏窄或整体调域偏低，调型偏误主要是声调的音高曲线问题。

6位实验对象产出阴平时存在的问题主要是调值偏低，他们产出阴平时的实际调值都是44，这说明尼泊尔高级汉语学习者对声调调型的把握是比较好的，其发音的困难主要在于确定整个声调的音高。

6位实验对象产出阳平时调域偏误和调型偏误同时存在，其中以调域偏

47

误为主，主要表现为起点音高和终点音高偏低。起点音高和终点音高偏低会使声调的整个调域偏低偏窄，若只有起点音高偏低，则声调的调域会过宽，这都属于调域偏误。大部分实验对象的调型都基本正确，只有一位在产出阳平时出现了调型错误，将升调发成了曲折调，与上声产生了混淆，这也导致了调位上的问题，会影响实际交流中声调的发音辨义作用。对尼泊尔高级汉语学习者来说，阳平发音的难点在于确定声调的起点、终点和保持整体上升的发音趋势，而且在发音时还要注意将阳平与上声区别开。

6位实验对象上声的声调偏误主要也是调域问题，具体表现为整体调域偏窄。尼泊尔高级汉语学习者对上声的发音起点音高的确定都比较准确，但对于上声的整体调型把握得不好。6位实验对象基本都不能在降到低点后再升到4度，在3度时就已经停止，升调段的发音是比较难掌握的，且大部分实验对象产出上声时都是降段的调长长，升段的调长短，所以他们在发上声时还未升到4度就停止了。对尼泊尔高级汉语学习者来说，上声发音的难点在于把握调型的整体走向以及确定上声转折点到终点的发音。

6位实验对象产出去声时调型也均未出现错误，主要是调域偏误。尼泊尔高级汉语学习者容易将全降调发成半降调，去声的终点音高没有降到1度，调域偏窄。对尼泊尔高级汉语学习者来说，去声发音的难点在于声调终点音高的确定。

声调发音的调域偏误往往有两种表现：一种调域偏误表现为整体调域偏高或偏低，也就是声调发音的最低点到最高点的音高范围大致合理，但整体音高区域是比标准声调发音的音高区域稍高或偏低的；另一种则表现为调域偏窄或过宽，即声调低点到高点的范围与标准的声调发音相比太大或太小。例如本研究中阳平的调域偏误就有调域整体偏低和调域过宽或稍窄两种情况，上声和去声的调域偏误则大多是调域偏窄。

（二）声调习得难度

根据本文实验对象的实际情况，从声调实际的辨义效果来看，本文认为尼泊尔高级汉语学习者对声调掌握的情况是阴平和去声的掌握情况较好，上声次之，阳平最次。这与前人研究所得出的声调难度顺序有所不同。

根据前人研究，上声一般是最难掌握的一个声调，而本文的实验对象对上声的掌握情况较阳平来说要好一些，虽然他们发阳平和上声时都存在调域偏误，但上声的调型都基本正确（个别对象除外）。对以汉语作为第二语言的学习者来说，上声确实是汉语四个声调中最难掌握的，这是因为上声先升再降，在音感上比其他声调更具特色。因此，上声也是声调习得过程中学习者较为重视的一个声调。尼泊尔高级汉语学习者来在长期的学习过程中已经培养了一定的语感，感知上声的能力也比较强。学习者确定上声起点的音高是比较容易的，低点也能基本降到1度，上声的问题主要在于终点音高的确定。而对于尼泊尔高级汉语学习者们来说，阳平发音起点和终点的音高都很难确定，本文中所有调查对象的阳平的声调起点音高和终点音高都偏低，都存在调域偏误。

尼泊尔高级汉语学习者上声习得的难点主要在于对上声与阳平的混淆。在普通话中，阳平的实际调值是35，是升调，而上声的实际调值是214，是降升调。这两个声调的区别很明显，但学习者们阳平发音的起点音高一般在2度，终点音高在4度，这与上声起点和终点的音高相同，因此这两个声调也容易产生混淆。

阴平和去声是尼泊尔高级汉语学习者掌握得较好的两个声调，他们产出阴平时的调值是44，这虽然比普通话阴平的调值（55）略低，但因为普通话四个声调中只有阴平是平调，所以在日常交流中阴平发音调值偏低不会对意义的传达造成太大影响；去声的发音起点和音高对学习者来说也是比较好确定的，去声的调域偏误基本都是因为其发音终点还未降到1度就停止了，所以被发成了52或53调，但调型是基本正确的，都是降调，调位也没有出现偏差，不会影响实际交流。

（三）声调感知与声调产出

结合听辨标注实验和声学分析实验的结果，笔者发现尼泊尔高级汉语学习者在声调习得过程中的声调感知和声调产出具有高度一致性。声调感知是指学习者对声调的区别性特征进行感知，进而区别不同的声调，汉语声调的区别性特征主要是调型。对非声调语言母语者来说，声调范畴的形成是一个从无到有，从低层次到高层次的动态发展过程。这个动态发展过程受到范畴习得机制的支配（陈默，2011：9）。在学习汉语的过程中，非声调语言母语背景的汉语学习者还未建立起声调范畴，因此他们在刚开始接触声调时，感知的是声调的时长，随着汉语水平的提高，学习者逐渐会建立起声调范畴，对调型的感知能力增强。声调产出策略与声调感知能力的发展过程相似，学习者们首先产出的是声调调长，然后会转为产出调型变化，随着语言能力进一步提高，学习者们的调型产出会转变为产出音高变化，与母语者的产出机制相似（王建勤，2017：13）。声调习得的过程其实就是声调范畴化的过程，本文中的6位实验对象都已经学习了3年以上的汉语，其声调范畴已经基本建立，调型产出机制基本完善，因此尼泊尔高级汉语学习者在声调调型上出现的问题较少，主要的发音偏误集中在调域上。

　　本文中的尼泊尔高级汉语学习者声调发音较好、偏误较少的是阴平和去声，相应的，他们对阴平和去声的听辨感知正确率较高；阳平和上声的声调发音偏误较多，阳平的调值还可能与上声混淆，相应的，他们对阳平和上声的听辨感知正确率就比较低，这是声调感知与声调产出一致性的表现。此外，在本研究的6位实验对象中，F1的声调偏误最多，除调域外还有调位上的问题，该实验对象将阳平发成上声，相应的，其在听辨感知实验中对上声和阳平的感知能力较差，是最容易将上声与阳平混淆的一位。M1的去声声调发音问题较大，不仅将去声的全降调发成半降调，调长也稍长，相应的，M1对去声的听辨感知能力也较差，出现了将去声与阴平混淆的情况。M2是本文中上声声调发音情况最好的一位，相应的，其在听辨感知实验中对上声的感知正确率也是6位实验对象中最高的。这都体现出了声调感知与声调产出的一致性。

（四）教学反思与建议

　　对外汉语教学领域内的声调研究是与教学实践紧密结合的，出发点是为了解决实际教学过程中遇到的诸多问题。本文从普通话单字声调入手，分析学习者的声调偏误，也是为了进一步改进对外汉语声调教学。在实验过程中，本文与实验对象就声调学习进行一些交流，实验结束后，本文也针对对外汉语声调教学问题进行了一些反思。

　　在对外汉语教学中，汉语学习者在初级阶段最关键的是语音学习，尤其是声韵调的学习。但随着汉语水平的提高，语法机制日益完善，词汇量增加，一些汉语学习者已经具备日常话语交际的能力，其声调偏误对意义表达的阻碍可以通过其他手段来弥补，他们对声调的重视程度也逐渐降低。因此，本文针对高级汉语学习者在声调学习上存在的偏误，在一定程度上具有典型性和代表性。

不同母语背景的学生在学习汉语声调时存在不同的问题，声调语言和非声调语言母语背景的学生在接触声调时的感知与产出机制也有所不同。对外汉语教师在教学实践中应注重这一区别，采用不同的教学策略，本文主要关注非声调母语背景的学习者，对其声调教学提出建议。

首先，针对非声调语言母语背景的汉语学习者所进行的声调教学，教师应该具有整体意识，也就是说四个声调的教学应该同时进行，不能单独讲授一个声调。非声调语言母语背景的汉语学习者的母语中如果不通过音高变化区别意义，在其母语中就未建立声调范畴。因此，这部分学习者刚接触汉语时，由于不具有建立声调范畴意识的经验，在区分四个声调时会遇到很大困难。声调的高低是一种相对音高，是与其他音节的音高相比较而被感知的，因此在教学时，教师不应该将四个声调割裂开来单独教学，这也是为了更好地区分四个声调，帮助学生更好地感知四个声调的特征，建立调域意识，找到自己的音区。在教学实践中，教师可以适当调整声调教学顺序，有所侧重。教师可以先教授学生容易掌握的阴平和去声，再教授上声和阳平。阴平是高平调，音高保持在5度，去声是全降调，由最高的5度降为1度，先教授阴平和去声可以帮助学生确定调域的高点和低点，建立起自己的调域。

其次，声调学习是一个循序渐进的过程，汉语学习者只有在长期的学习过程中不断进行感知与发音训练，才能够建立起相对完整的声调范畴机制。因此，声调教学绝不应该只是针对初级阶段学习者的教学内容，而应该贯穿汉语学习的全过程。对外汉语教师应该为高级汉语学习者设计强化声调感知机制的学习内容并对适合他们的声调教学方法进行深入的探讨。比如，对外汉语声调教学可以充分利用多媒体技术。教学时，教师可以充分利用语音分析软件、声调基频曲线图等辅助教学，让学生直观地感受声调的高低变化，及时进行偏误的纠正。声调感知和声调产出具有一致性，因此教师在训练学生发音时，还可以将听辨感知与发音相结合，进行听辨感知练习和发音练习，帮助学生提高声调感知准确率，进而提高发音准确率，减少声调偏误。

五、结语

在第二语言习得研究领域，汉语声调一直受到学者们的关注，近几十年来，实验语音学的发展极大地推动了语音实验和语音教学的发展。本文用真实的语料结合听辨实验、声学实验展开研究，从感知和发音两方面入手，对尼泊尔高级汉语学习者学习声调的过程中所出现的声调偏误进行了详细的分析，并对对外汉语声调教学实践进行了反思。

本文将目光置于尼泊尔高级汉语学习者上，真实地采集了数据，并以绝对时长声调曲线图的形式直观地展示了他们的声调曲线，在此基础上进行分析和总结，具有科学性和创新性。但因为主客观条件的制约，本文主要关注声调的静态系统，仍存在许多尚未解决的问题，如实验对象的上声发音有嘎裂声的情况等，这还需要进一步的探究。

附　录

附表1　听辨标注实验词表

声调	阴平	阳平	上声	去声
例字	呼 [xu^{55}]	读 [tu^{35}]	虎 [xu^{214}]	护 [xu^{51}]
	叔 [ʂu^{55}]	胡 [xu^{35}]	鼓 [ku^{214}]	故 [ku^{51}]
	杀 [ʂa^{55}]	拿 [na^{35}]	洒 [sa^{214}]	大 [ta^{51}]
	思 [sɿ^{55}]	时 [ʂʅ^{35}]	你 [ni^{214}]	是 [ʂʅ^{51}]
	发 [fa^{55}]	麻 [ma^{35}]	把 [pa^{214}]	骂 [ma^{51}]
	摸 [mo^{55}]	伯 [po^{35}]	抹 [mo^{214}]	末 [mo^{51}]
	喝 [xɤ^{55}]	格 [kɤ^{35}]	舍 [ʂɤ^{214}]	色 [sɤ^{51}]
	西 [ɕi^{55}]	习 [ɕi^{35}]	洗 [ɕi^{214}]	义 [i^{51}]
例字	波 [po^{55}]	尼 [ni^{35}]	笔 [pi^{214}]	四 [sɿ^{51}]
	苏 [su^{55}]	河 [xɤ^{35}]	女 [ny^{214}]	饿 [ɤ^{51}]

附表2　声学分析实验词表

声调	阴平	阳平	上声	去声
例字	八 [pa^{55}]	拔 [pa^{35}]	法 [fa^{214}]	发 [fa^{51}]
	失 [ʂɿ^{55}]	迷 [mi^{35}]	比 [pi^{214}]	地 [ti^{51}]
	丝 [sɿ^{55}]	十 [ʂɿ^{35}]	死 [sɿ^{214}]	事 [ʂɿ^{51}]
	衣 [i^{55}]	怡 [i^{35}]	已 [i^{214}]	艺 [i^{51}]
	书 [ʂu^{55}]	福 [fu^{35}]	五 [u^{214}]	肚 [tu^{51}]
	姑 [ku^{55}]	无 [u^{35}]	古 [ku^{214}]	不 [pu^{51}]
	夫 [fu^{55}]	徐 [ɕy^{35}]	雨 [y^{214}]	户 [xu^{51}]
	需 [ɕy^{55}]	鱼 [y^{35}]	与 [y^{214}]	序 [ɕy^{51}]
	妈 [ma^{55}]	泥 [ni^{35}]	马 [ma^{214}]	度 [tu^{51}]
	哥 [kɤ^{55}]	和 [xɤ^{35}]	打 [ta^{214}]	个 [kɤ^{51}]

注：词表按照简单音节的原则设计，实际实验过程中标注的为汉语拼音及声调。

引用文献

白杉. 浅析对俄罗斯学生汉语声调教学 [D]. 沈阳：辽宁大学, 2013.

陈默. 无声调语言母语者汉语声调范畴习得的实验研究 [J]. 华文教学与研究, 2011 (4): 9-15.

池杨琴. 对外汉语声调教学研究述评 [J]. 解放军外国语学院学报, 2005 (1): 55-58.

冯煦. 多国汉语学习者声调调域偏误及教学策略探究 [D]. 天津：天津师范大学, 2016.

郭锦桴. 汉语声调语调阐要与探索 [M]. 北京：北京语言学院出版社, 1993.

洪薇. 《声调和语调音系学》评介 [J]. 南开语言学刊, 2012 (2): 106-111+164.

胡伟杰, 王建勤. 第二语言学习者汉语声调习得的语言类型效应 [J]. 浙江师范大学学报（社会科学版）, 2016 (1): 102-111.

黄长著. 世界语言的分类 [J]. 外语教学与研究, 1987 (3): 1-11+79.

柯杰伟. 尼泊尔大学生学习汉语语音偏误研究 [D]. 长春：吉林大学, 2016.

李红印. 泰国学生汉语学习的语音偏误 [J]. 世界汉语教学, 1995 (2): 66-71.

李少卿. 普通话语音音位 [J]. 东北师范大学学报, 1984 (5): 93-97.

李智强, 林茂灿. 对外汉语声调和语调教学中的语音学问题 [J]. 国际汉语教学研究, 2018 (3): 26-36.

林焘. 语音研究和对外汉语教学 [J]. 世界汉语教学, 1996 (3): 20-23.

林焘，王理嘉. 语音学教程［M］. 北京：北京大学出版社. 2015.

刘志敬，林举，张劲松，等. 年龄和性别对北京话上声调中嘎裂声的影响［J］. 中国语音学报，2016（1）：32-37.

祁慧琳. 韩国留学生汉语双音节词声调发音偏误分析［D］. 上海：上海外国语大学，2007.

任静. 关于对外汉语声调教学的思考［J］. 西部素质教育，2018（5）：166-167.

沈晓楠. 关于美国人学习汉语声调［J］. 世界汉语教学，1989（3）：158-168.

沈晓楠. 普通话上声教学的探讨［C］//第三届国际汉语教学讨论会论文选. 北京：北京语言学院出版社，1990：181-187.

王建勤，等. 第二语言学习者汉语声调范畴习得与模拟研究［M］. 北京：商务印书馆，2017.

王儒蕴. 汉语作为第二语言的声调偏误及教学建议［J］. 文学教育，2017（5）：110-111.

王溢. 初级阶段巴基斯坦籍留学生汉语单字调习得调查分析［D］. 锦州：渤海大学，2014.

王韫佳. 也谈美国人学习汉语声调［J］. 语言教学与研究，1995（3）：126-140.

王韫佳. 第二语言语音习得研究的基本方法和思路［J］. 汉语学习，2003（2）：61-66.

王韫佳，覃夕航. 再论普通话阳平和上声的感知［C］//第十届中国语音学学术会议（PCC2012）论文集.［出版者不详］，2012：330-335.

游汝杰，钱乃荣，高钲夏. 论普通话的音位系统［J］. 中国语文，1980（5）：328-334.

余霭芹. 声调教法的商榷［C］//第一届国际汉语教学讨论会组织委员会. 第一届国际汉语教学讨论会论文选. 北京：北京语言学院出版社，1985：235-241.

赵金铭. 从一些声调语言的声调说到汉语声调［C］//第二届国际汉语教学讨论会组织委员会. 第二届国际汉语教学讨论会论文选. 北京：北京语言学院出版社，1988：179-189.

赵元任. 语言问题［M］. 北京：商务印书馆，1980.

张林林. 普通话调位系统初探［J］. 华南师范大学学报（社会科学版），1986（4）：94-99.

朱雯静，魏岩军，吴柳，等. 调域时长对二语学习者汉语声调感知的影响［J］. 汉语学习，2016（2）：83-92.

Flege J E, Yeni-Komshian G H, Liu S. Age Constraints on Second-Language Acquisition［J］. *Journal of Memory & Language*，1999（1）：78-104.

James Emil Flege, Grace H. Yeni-Komshian, Serena Liu: Age Constraints on Second-Language Acquisition, *Journal of Memory and Language*，1999，41（1）.

作者简介

黄佳薇，四川大学文学与新闻学院语言学及应用语言学专业硕士研究生，研究兴趣为实验语音学、现代汉语语法。

李果，四川大学文学与新闻学院副教授，研究兴趣为历时句法学、韵律语法学和语体语法学。

功能话题类教材的汉字编排问题及改进建议

马菎聃　刘春卉

提　要　除专门的对外汉语汉字教材，其他类型的教材在汉字编排上通常较难全面顾及汉字系统的规律性。这一问题在功能话题类教材上比较突出，其汉字教学通常因受制于话题功能而出现汉字数量衔接不均衡、超纲汉字偏多、汉字从易到难出现顺序不够合理等问题。这些问题可以通过控制生字数量、认写分流、替换超纲字、部件归类法、调整课文顺序等办法有针对性地进行解决，进而在发挥教材交际优势的基础上处理好汉字学习的问题。

关键词　汉字　功能话题教材　规律性　系统性　随文识字

一、引言

随着中国经济实力的日渐增强，越来越广泛的汉语学习需求推动了我国汉语国际教育事业的蓬勃发展，也推动了作为课堂重要媒介的汉语教材的开发与发展。经过近几十年的探索，我国编写的对外汉语教材已经从20世纪50年代单一的教材类型发展到今天多层次多类型的系列教材。

自东欧交换生语文专修班在清华大学创立以来的七十年间，对外汉语教材的编写经历了以下几个发展阶段。

第一阶段是20世纪50年代到60年代，我国对外汉语教材编写开始进入以语法结构为主线的草创时期，这一阶段的主要成果是新中国的第一部对外汉语教材《汉语教科书》(1958)，该书"集中体现了对外汉语教学初创阶段的教学理论和教学方法。教材以语法为纲，吸收了当时汉语传统语法和结构主义语法的研究成果，同时又注意到了语言交际中表达功能的各种方式，在语法点的确定、切分和编排方式上体现了汉语作为第二语言教学的特点"。

第二阶段是20世纪60年代到80年代，这一阶段的教材编写开始注意将语法结构与功能相结合，教材的语言材料则在选取句型和语法点的基础上考虑学习者的交际需求；以语法结构为主线，话语功能为副线。这个阶段影响较大的成果有《汉语教程》（1970）、《基础汉语》（1971）、《汉语课本》（1977）、《基础汉语课本》（1980）、《汉语初级教程》（1989）。

第三阶段是 20 世纪 90 年代至今，对外汉语教材编写理念进一步发展为结构功能文化三位一体的思路，以话题为中心编写课文，课文融合相关的语法点、功能项目和文化因素，如"新实用汉语课本"系列教材（2002）。

以上三个历史发展阶段的教材根据汉语水平可分为初级、中级、高级教材，从技能角度可分为综合教材、口语教材、听力教材、阅读教材、写作教材，根据语言要素可分为汉字教材、语音教材、词汇教材、语法教材。除上述分类标准外，还可以根据文化类型分类教材，如专项教材。其中，除专门的对外汉语汉字教材能顾及汉字系统本身的规律性以外，其他类型的教材往往受语法结构或者话题功能的限制而采取随文识字的理念编排汉字板块。

本文主要考察在对外汉语教材中占较大比重的功能话题类教材，分析其在汉字编写板块上普遍存在的问题，并给出相应的建议。比如，刘珣主编的《新实用汉语课本》、杨寄洲主编的《汉语教程》和国家汉语国际推广领导小组办公室（简称"国家汉办"）与英国文化委员会联合编写的《快乐汉语》均是以话题为主线、以会话体课文为主的对外汉语教材，上述三套教材都是本文关注的功能话题类教材，我们将以这三套书为例，提出功能话题类教材在汉字编排上存在的普遍问题和相应的改进建议。

二、功能话题类教材的特点

功能话题类教材的一个典型特点是重视对学习者汉语口语交际能力的培养，教材以日常生活中常见话题为线索组织课文，汉字、生词和语法点的选择均围绕课文话题进行设计，相应的，该类教材普遍存在汉字板块编写不够合理的问题，例如课文之间字量衔接不均衡，出现超纲字，汉字出现的难易顺序不科学，汉字知识零散不系统。以下将从优势和局限性两个方面介绍功能话题类教材的特点。

（一）功能话题类教材的优势

功能话题类教材的针对性比较强，该类教材以培养学习者的口语交际能力为编写理念，因此在听说读写技能中以"说"为主，课文形式多为两个或几个虚拟角色的日常对话，模仿日常生活中的常见情景。该类教材的实用性较强，所选话题主要针对生活交际场景，包括学校生活、家庭生活、职业、交通、旅游、社交、娱乐等。汉字、词汇、语法等语言要素不是完整地展示语言知识体系，而主要通过各类话题螺旋式地嵌入到课文对话中。这类以话题功能为纲的教材有助于学习者更好、更快地学以致用，顺利完成特定语境中的日常交际活动。

以《快乐汉语》为例，学生在使用完三册《快乐汉语》教材以后基本可以用汉语轻松应对简单的日常交流。首先，教材所选话题多是贴近日常生活的，例如《快乐汉语》第一册一至八单元囊括了"我和你""我的家""饮食""学校生活""时间和天气""工作""爱好""交通和旅游"等八个话题；第二册一至八单元涵盖了"我和朋友""我的家""购物""学校生活""环境与健康""时尚与娱乐""媒体"和"旅游与风俗"等八个话题；第三册一至八单元分别为"介绍和推荐""城市与环境""家居与购物""学校生活""健康""娱乐与休闲""新闻与传媒""旅行与习俗"等八个话题。其中，自我和他人介绍、学校生活、家庭生活、旅行等高频话题在三册教材中均有出现。

其次，教材在句型的选择上以用于人际沟通的句型为主，大部分为陈述句或者疑问句。陈述句大量分布在教材对话中，基本在每课都会出现，例如《快乐汉语》第一册第九课句型结构"人称1+动词+名词""人称2+也+动词+名词"，如"我要海鲜，他也要海鲜""我喜欢米饭，也喜欢面条"；第十一课句型结构"名词+有+数量+人"，如"我们班有5个男学生，19个女学生""我们班有4个中国人"；第十二课"人称+（不）去+地名"，如"老师不去运动场"；第十三课"名词+是+数字+月+数字+号"，如"我的生日是五月三号"。据统计，该册教材中疑问句的数量虽然比陈述句少，但是基本在每课都有分布。例如第一册第二课句型结构"人称+叫+什么？""人称+是+哪国人？"，如"你叫什么？""你是哪国人？"第三课"人称+家+在+哪儿？"，如"你家在哪儿？"第四课"这/那+是+人称+吗？""人称

＋是＋地名＋人＋吗？"，如"那是李小龙吗？""他是北京人吗？"第五课"人称＋有＋物品＋吗？"，如"你有小猫吗？"以上公式＋语言材料的句型展示有助于学习者通过替换语言材料反复操练相似的句型结构，举一反三，达到创造性地使用目的语进行交际的学习目标。

（二）功能话题类教材的局限性

1. 生字分布不均衡

受随文识字编写理念的影响，功能话题类教材在生字量的确定上往往与课文篇幅相关。在课文篇幅长的单元，生字相对较多，反之，课文篇幅短的单元，生字相对较少。这导致了每一课生字分布不均衡、生字量忽多忽少的情况。这种情况其实可以在编写课文的过程中得到修正——编者应尽量平衡所选课文的长度，对于篇幅长的课文，可多使用前面课文中已出现的汉字和词，在一定程度上避免生字分布不均衡的问题。关于这一问题，下一节将举例具体说明。

2. 难免会出现超纲字

以话题功能为纲难免会出现超纲字。根据《汉语水平词汇与汉字等级大纲》（修订本），功能话题类教材有时为了随文取字或是照顾课文的编写，在选择生字时容易出现超纲的情况，其实文中出现的超纲字并不需要学习者全面掌握它的形音义，教师在具体教学中可采用认写分流的原则引导学生认和读，该类超纲字类似于英语阅读中的被动掌握词汇。在教材编写上，编者应尽量减少使用超纲字，选择可替代的汉字或词代替部分超纲字。针对文中出现的无法替代的超纲字，可用部件串联的方法把含有相同部件的汉字分类展示，充分利用超纲字的可用部件，发挥它的最大价值。此外，有的汉字虽然不在超纲字范围内，但使用频率较低，如《快乐汉语》第二册中出现使用频率低的汉字有理、科、剧、极、宫、台、龙、除等，这类汉字对学习者的实际需求而言也类似于超纲字。

3. 字序和系统性安排不合理

（1）汉字难易顺序不易协调

从学习汉字书写这个角度来看，简单的汉字在教材开头出现才更合乎初学者由易到难的认知规律，不过在功能话题类教材中，这似乎并不容易做到，因为可能会打乱编者组织设计的话题功能的顺序。因此功能话题类教材在编写时普遍存在一个问题——在汉字板块上采取的基本都是传统的随文识字法，且随意性较强，在衔接性方面经常会存在一定的跳跃性。例如将笔形繁难的汉字安排在开头部分并要求学生掌握书写，而随后选取的汉字则可能是相对简单的。例如《快乐汉语》第一册中一至四课便出现了字形复杂的"很""国""我""那"等字，但在第五课却又出现汉字结构相对简单得多的"一""六""小""只"等字。同样，笔画数量少、构形简单的"日""月""号"三个汉字却放在了排序靠后的第十四课，相对复杂的"文""星""课""法"却放在第十课。

（2）汉字知识的系统性不易兼顾

功能话题类教材在兼顾汉字本身的难易度和系统性上比较薄弱，例如有时字形复杂的汉字和简单的汉字同时出现在一课里，容易使学生难以看出汉字之间的规律，如《快乐汉语》第一册第二十三课的生词"坐""开""怎""广"，其中"开""广"二字相对简单，"坐""怎"二字较为复杂，这四个字在结构上也没有太强的关联性。《快乐汉语》在这一点上问题比较明显，后文将举例详细说明。

三、改进建议

汉字是一个有自身规律的书写系统，但汉字板块在功能话题类教材中却容易呈现一种无序状态。法国著名汉学家白乐桑（1996）认为中国内地对外汉语教材中的字没有得到应有的重视，许多对外汉语教材忽视了如何处理汉字这个根本问题，没能科学认识汉字特殊性和正确处理中国文字和语言特有的关系。具体体现为汉字选取和编写的针对性和目的性不强，更像是随机识字而非学汉字，教师在使用该类教材进行汉字教学时基本是被教材择取的汉字范围牵着鼻子走，书上写到哪儿就教到哪儿。这种教学方式并不科学，教材上随机选取汉字不利于循序渐进地掌握汉字规律，因为学生多是死记硬背汉字的整个字形，而掌握系统的汉字知识对于中高级阶段的汉语学习能力至关重要。反观白乐桑与张朋朋合作编写的《汉语语言文字启蒙》，自1989年出版以来在对外汉语教学界影响深远，至今都还具有很高的使用与借鉴价值。这是一本以字本位为编写原则的对外汉语教材,该教材充分利用汉字的生成性,通过类推、变序、扩展等方式,用有限的汉字滚雪球式地组合出更多的生词,极大地发挥了汉语的经济性和便利性特点。

由于功能话题类教材"随文识字"法在汉字编排上容易出现问题,要实现该类教材的突破,编写者可在教材的局部改进和具体教学方法上寻求解决之道。世界上没有完美的教材,与其"以其昏昏,使人昭昭"地让学生囫囵吞枣地学习汉字,割裂学生对汉字书写系统知识规律的了解,倒不如把这个问题在教学过程和教材设计中拎出来,让学习者看清汉字的真实面貌。许多初级阶段的功能话题类教材之所以要顺带介绍汉字的笔画笔顺和部首,是因为担心系统介绍会加重学生的记忆负担。不过笔者认为,磨刀不误砍柴工,教材在汉字入门时为体现书写系统的规律性而设计得更加系统完善并无不可,学习者在经过一定时间的学习之后,滚雪球式地积累汉字的笔顺笔画和各类部件,汉字的书写问题会迎刃而解。否则,囿于快乐理念学习汉语也只是回避了汉字大关而暂得一时轻松。由于教材汉字板块设计的不足,学生在接触汉语之初便死记硬背字形,大脑在受到长期的负面强化刺激后反而容易留下深刻的负面心理印迹,使汉字学习成为学生心头的一只"拦路虎"。

本文认为,针对功能话题类型的对外汉语教材在汉字编写设计上缺乏规律性和系统性的问题,同时为了避免加重学生的记忆负担,可以"先认后写,认写分流"为大原则进行以下调整。

(一) 避免字量衔接不均衡

《新实用汉语课本》在字量上忽略了循序渐进安排教材汉字的问题,例如第二册第一课出现了11个汉字,第二课出现了14个汉字,第三课却陡增到23个汉字。对比另一本功能话题类教材,《快乐汉语》在字量的衔接上就做得更好,据统计,《快乐汉语》第一册每课的字量基本都控制在3至4个,第二册每课的字量基本为5个。《快乐汉语》之所以能在字量上保持均衡,是因为它的课文基本为4句话以内的简短对话,因此即使出现新字,数量也会很少。《快乐汉语》第二册和第三册,虽然对话长度有所增加,但使用的语言材料基本为前面学习过的汉字,因此所选生字的数量也控制得比较稳定。例如第三册第一课对话体课文明显增加到了四轮对话,一共八句话,但是所用词语均是前面两册出现过的，例如"你好、叫、比、家、哪儿、呢"等词，这些词都是在第一册中出现的。在功能话题类教材的课文编写和汉字板块设计中，可以考虑合理控制每课的汉字数量，使之保持均衡，尽量避免每课的汉字数量悬殊，违背学习者循序渐进的认知规律。

（二）灵活处理超纲字

针对功能话题类教材在汉字编写中收纳了部分超纲字的问题，可根据可替换、不可替换、难易顺序和系统性这三种情况对其进行灵活处理。

1. 对部分超纲字进行认写分流或替换

以《汉语教程》第一册为例，根据《汉语水平词汇与汉字等级大纲》（修订本），整本教材中出现了3个超纲字，分别是"靶、着、匙"。其中，"匙"可按照认写分流原则只要求学生能认会说，该字共11画，字形结构为左下包围，包含横、竖、撇、捺、横折、竖折弯钩6种笔形。"匙"字无论从笔画数量还是笔形复杂程度来看，对汉语为非母语的学习者而言，书写它都不是一件轻松的事情，因此，学习者大可只认读，不必强行书写。"着"字在课文中出现在组合的生词"着急"里，"着急"是一个甲级词，使用频率高；"着"虽是超纲字，但口语实用性强。因此，教师可根据实际情况让学生对认和写都予以掌握。"靶"字在教材中是以区分声调为目的出现在"八、拔、靶、爸"一组词里的，教材编写者其实可根据更高使用频率和更强实用性把笔画数为13的"靶"字同音替换为笔画数为7的"把"字，从书写角度来看这也有助于减轻汉语学习者的记忆负担；从长线的教学来看，则为学生日后学习"把"字句打下了一定基础。而《快乐汉语》所选生字都在《汉语水平词汇与汉字等级大纲》（修订本）以内，这是它做得比较好的地方。

初级阶段的功能话题类教材中有些使用频率低的汉字也可以区别对待，以《快乐汉语》第一册为例，根据《基础汉字表》，该册教材中的非常用汉字有第五课"猫"、第六课"厨"、第八课"汁"、第九课"鲜"、第十七课"货"、第二十三课"澳洲"。对"厨、鲜、货、澳洲"等，教师可根据认写分流原则要求学生能认即可，也可灵活安排汉字教学。文字虽然通过记载语言反映社会生活，但反过来也会受到社会生活变迁的影响。例如汉字"猫"

的使用频率随着宠物猫受欢迎程度的提高而日益增高;"汁"虽然不是常用字,但学习者通过学习"汁"的书写可以进一步了解形声字的读音和意义。

对《汉语水平词汇与汉字等级大纲》(修订本)收入的非超纲字也可以根据使用频率酌情处理,如果该字在生活中并不常见,教师可按照超纲字对其进行处理,让学生能认读即可,减轻学生的记忆负担。也就是说,功能话题类教材中的汉字可予以灵活处理,对低使用频率的汉字不必一概否定,忽视其教学,而应该让学生只认读,不必书写,减轻学生负担。

2. 用部件串联法归类不可替换的超纲字

对于不可替换的超纲字,可以用部件串联法对其进行归类,加强字的系统性。彭聘龄(转引自马燕华,2002)认为独体字识字以笔画为识别单元,合体字识字以部件为识别单元。柯彼德(转引自费锦昌,1998)指出"分析的系统性越深,教学的效果越好,因为学生在分析的基础上才意识到汉字结构的内在规律,他的记忆力由此会到支持"。本文也赞同分析型的汉字学习方法,主张合体字可拆分为独体字和某些特定的部件,因为如果学生掌握了独体字,那他们在书写含有该独体字的合体字时的学习负担便会减轻。

根据《汉语水平词汇与汉字等级大纲》(修订本),《新实用汉语课本》四册一共出现了21个超纲字,如"匕、矢、娜、宋、皿、甬、俑、卅、巳、弗、聿、夭、鸿、涮"等,这21个字的使用频率和实用性都比较低,不宜让学习者过分记忆书写。教材编写者可选取其中作为成字部件的独体字如"匕、皿、甬、聿"作为主线,引出新字。例如,可用独体字"匕"引出"北、毕、比、庀、匙"等字。也可以声旁或者形旁为副线横向串联教材中出现的汉字,如用形旁三点水串联课文中的汉字"鸿、涮",用形旁"氵"加部首"聿"串联汉字"津",让汉语学习者体会到汉字部件的能产性。类推同一部件的方式提高了部件的复现率,强化学生记忆。

部件串联法也可用于汉字的整合复习,以《快乐汉语》为例,虽然从课文中摘抄出来的汉字没有很强的规律性,但是可以通过整合含有相同部件或偏旁的汉字让学生感知汉字系统的规律性。在编写与教材相对应的练习册时,可在汉字练习部分增加根据偏旁或部件写汉字的题型。在《快乐汉语》对应的练习册中,该题型只在第三册出现过:第一课汉字习题部分给出"亻、讠、土、女",分别引出汉字"你、话、地、妈";第二课则给出"讠"和"辶",引出汉字"请""这";第三课给出偏旁"亻、辶"。实际上,在教学进行到第三册时，学习者已经累积了不少汉字的部件和偏旁，因此，笔者建议在第三册练习中给出第一、二册中出现过的含有该偏旁部首的汉字进行回顾，提高重现率，加深学习者的印象。例如，可将前册出现过的汉字"谁、订"归入偏旁"讠"，将"女、姓、奶"归入偏旁"女"，将"运、远、近"归入偏旁"辶"等。编写者可考虑在第一、二册教材的配套练习册中设置该题型，以增强汉语学习者的部件意识，如第二册第十五课出现含"疒"的左上包围结构汉字"病、疼"，含"月"的左右结构汉字"肚、服"；第十六课和第二十三课分别出现含"辶"的左下包围结构汉字"运、远、近"。

3. 兼顾汉字的难易顺序与系统性

（1）调整课文排序以协调汉字先易后难的出场顺序

艾伟（1949）在《汉字问题》中指出，容易观察之字，其笔画在一与十之间。尤浩杰（2003）进一步指出，七画在笔画数量上是一个难度分界点。根据笔画数效应原则，本文赞同初级阶段的随文识字类教材在选择汉字时应把笔画数量少的，具体来说是笔画在七笔以内的置于前，笔画数多于七笔的置于后。《快乐汉语》的编写者有意减少汉字的选取量并采取随文识字的方法让初学者识字，但其选取结果有过于主观之嫌，没有考虑到初学者不宜在一开始就接触繁难汉字，也没有考虑到循序渐进的汉字认知规律。例如，第一册第十课的课文是："星期一你有中文课吗？""有，星期一我有中文课。星期一我没有法文课。"而第十四课的课文仅为一句话："我的生日是一月二十四号。"无论从课文长短还是从汉字的难易程度来说，这样的编排都不太合适。因此，教材编写者可以根据文章所使用汉字的难易程度调换课文顺序，这并不影响话题交际功能的推进，还在一定程度上兼顾了汉字从易到难的教学顺序。

（2）选取汉字尽量兼顾汉字知识的系统性

以数词为例，对外汉语初级阶段的多数教材都涉及数词，但大部分随文识字类教材只列举一到十以内的任意几个数词，如《快乐汉语》第一册五课出现数词"一、二（两）、三、四、五、六"，在汉字书写部分仅给出了"一、六"两个汉字。有的教材虽然给出了数词一至十的全部汉字，却将其分散在好几课中，例如《发展汉语》第一课出现"一、二、十、八"，第二课出现"六、三"，第三课出现"七"，第七课出现"四"。这不利于学习者系统感知汉字的笔顺笔画，因为数词一到十涵盖了汉字横竖撇点折的五种主笔形，将其一次性展示有利于系统讲解汉字的笔画问题，引导学生意识到汉字这个二维平面结构并不是由任意笔画随意堆砌出来的，每一个汉字都能拆解为有限的笔画。本文认为可把数词一、二、三、四、五、六、七、八、九、十集中在某一课中予以展示，不必以犹抱琵琶半遮面的心态只罗列其中几个数词。除了系统感知汉字笔顺笔画，学习者在掌握十个数词后还可举一反三，根据所学知识组合其他数词。这不仅符合初级阶段的汉语学习者追求高效的学习心理，也有助于激发其学习动力。

四、结语

世界上没有完美的教材，任何一本教材的设计都有一定的针对性，难以面面俱到。功能话题类教材的侧重点往往在口语交际功能上，因此在汉字板块的编写上难以兼顾汉字自身的系统性和规律性。这对汉语学习者的长远学习是不利的，尤其容易为初级阶段的汉语学习者埋下汉字基础不扎实的隐患。该类教材普遍存在课文之间的字量衔接不均衡、超纲字出现、字序安排不合理、汉字知识系统性不强等问题。对于这些问题，在使用和编写教材时可通过认写分流、替换超纲字、部件归类和调整课文顺序等方法在一定程度上弥补，在发挥功能话题类教材交际优势的同时处理好汉字学习问题。

引用文献

赵贤州. 建国以来对外汉语教材研究报告［C］//第二届国际汉语教学讨论会论文选. 北京：北京语言学院出版社，1988：598－611.

杨小彬. 我国对外汉语教材编写的成就与问题［J］. 湖北大学学报（哲学社会科学版），2011（4）：31－34.

宋永波. 近年来部分规划教材评介［J］. 世界汉语教学，1992（1）：68－73.

李岚. 对外汉语功能型口语教材研究：以《发展汉语》（初级汉语口语为例）［D］. 长春：吉林大学，2013.

马燕华. 论初级汉语水平欧美留学生汉字复现规律［J］. 汉语学习，2002（1）：52－56.

费锦昌. 对外汉字教学的特点、难点及其对策［J］. 北京大学学报（哲学社会科学版），1998（3）：118－126.

应千慧. 对外汉语初级综合教材汉字编写部分比较研究［D］. 武汉：华中师范大学，2018.

艾伟. 汉字问题 [M]. 上海：中华书局，1949.

尤浩杰. 笔画数、部件数和拓扑结构类型对非汉字文化圈学习者汉字掌握的影响 [J]. 世界汉语教学，2003（2）：72-81.

白乐桑. 汉语教材中的文、语领土之争：是合并，还是自主，抑或分离？[C] //第五届国际汉语教学讨论会论文选. 北京：北京大学出版社，1997：573-576.

作者简介

　　马菀聘，四川大学文学与新闻学院汉语国际教育专业硕士研究生，研究方向为国际汉语教学。

　　刘春卉，四川大学文学与新闻学院副教授。

基于框架语义学的第二语言词汇教学法研究*

韩江华　黄丽娜

提　要　很多词语由于本身语义的抽象性、复杂性和多义性，学生很难准确理解和掌握其意义。如果教师将这些较为难懂的词语置于具体的语义框架当中，让学生通过该框架提供的背景概念理解这些词汇的语义，就能帮助他们准确地把握词语的意义。当然，语义框架作为一种认知域的心理概念，具有原型、视角和文化属性。这要求教师在词汇教学时不能随意选择语义框架，必须遵循以下三个原则：熟悉易懂原则、文化与认知适应原则、最优化使用原则。

关键词　框架语义学　第二语言　词汇教学

一、引言

框架是指具体的、统一的知识结构或经验的协调一致的图示化（Fillmore，1977：117，1982：112，1985：223，1992：77，2006：614）；框架可以是任何一种概念系统，理解该系统中的任何一个概念都必须以理解整个系统为前提，引入任何一个概念都会涉及系统内其他所有概念（Petruck，1996：1）；框架作为一种认知模型，是具体的、反复出现的场景相关的知识和信念的表征（Ungerer & Schmid，2001：211；Fillmore，2010）。从以上定义可以看出，语义框架为词汇语义的理解和描述提供着必要的概念背景，这也是框架语义学的核心所在。

---

* 本文受教育部中外语言文化交流合作中心2021年国际中文教育研究重点课题"'中文+'与'+中文'专业人才培养模式在泰国的推广和本土化研究（编号：21YH02B）"的资助。

在第二语言的词汇教学中，教师可以运用框架语义学的思想来讲授词语的意义。很多词语由于本身语义的抽象性、复杂性和多义性，学生很难准确理解和掌握其意义。如果教师将这些较为难懂的词语置于具体的语义框架当中，让学生在特定的语义框架中通过框架提供的背景概念理解词汇的具体语义，就能帮助他们准确地把握词语的意义，并恰当地运用这些词语进行言语交际。

二、基于框架语义学的第二语言词汇教学法

（一）运用框架语义学思想进行第二语言词汇教学的必要性及基本操作

在第二语言词汇教学中，最为关键的是让学生准确地理解和掌握词语的意义。传统的组构语义学认为词语的意义是独立于其出现的某个语境的，即意义是语境独立的（张辉，2010：11）。当然，语义的语境独立性必须基于以下内容：在没有语境时，语言使用者会自行创造一个恰当的语境的假设。语义的语境独立观很难解释语言运用中的场景问题（Langacker，2008：31−36）。当人们要解释一个说话人是如何将语句和各种具体的场景相联系时，必须要在组构性视野之外去寻找答案。因此，语境对词语意义的理解是非常重要的。

意义中的语境变异是普遍存在的，因为语境是意义构建过程中不可分割的一部分（张辉，2010：11）。很多词语意义的产生和使用都基于以场景和社会活动为前提的说话人的实践经验（Lakoff，2017）。换言之，词汇意义是基于人们对词汇的使用而产生和存在的。因此，在第二语言词汇教学中，教师应该把词语意义的讲解置于一定的语义框架中，这样才能让学生在具体的语境中掌握词语的意义和用法。

在第二语言词汇教学中，教师不能孤立地讲授每一个词语，而应根据实际情况，以语义框架为基础，将词语聚合成类进行整体讲授。比如在对外汉语教学中讲到"商品"这个词时，如果教师只是单独讲解这一个词语，学生可能会因为其语义的抽象性而很难理解；而如果教师将"商品"这一词语置

于"商业"这一框架中,把它和"买""卖""销售者""购买者""付款""收款""支付方式"等词语组合在一起进行讲解,学生就会较容易理解和接受。因为这些词的意义是相互关联的,它们共享一个语义框架,每个词都侧显其共享语义框架的某个方面,这些词语意义的界定也是基于此共享框架的,具体如图1所示。

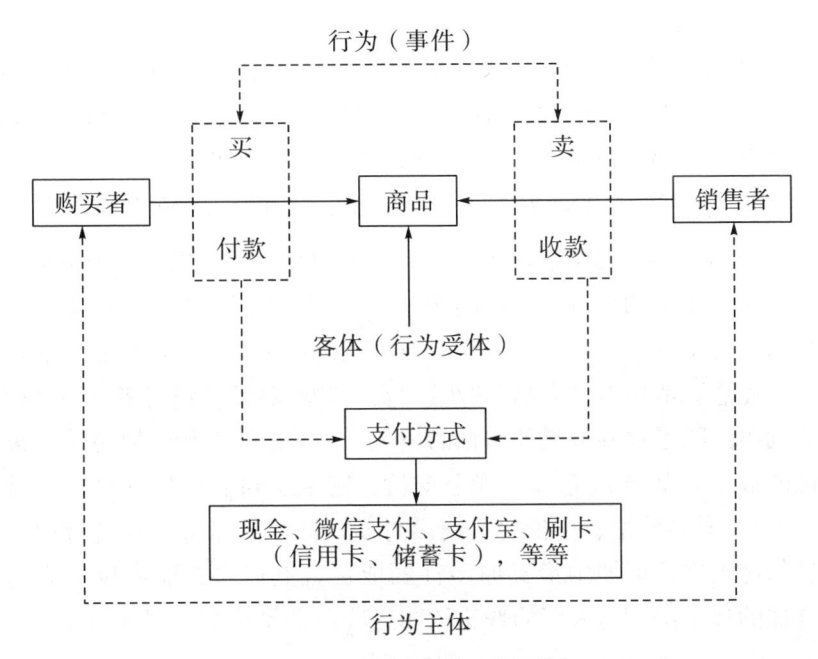

图 1　词汇框架图示案例①

在语义框架下讲解词语的意义,既符合语义的构建原则和使用习惯,也符合人们的实际认知经验。在日常生活中,人们往往习惯性地使用框架进行感知、计划和记忆等,并习惯性地使用框架来解释遇到的各种复杂场景并据此作出相应的推理及预测(Glenberg,2015)。有别于传统的语义组构观,在认知语义学中,"词语的意义并不包含词语与物体、行为及事件之间的某种映现,词语仅仅是指定的语义框架中的成分与关系,这些语义框架可能会表征现实的某一方面,但也有可能不表征现实"(张辉,2010:12)。因此,

---

① 此框架案例只列出了框架中相对处于中心地位的具有原型的成员,在实际教学中,根据需要,还可以不断增加相关框架成员。

在第二语言词汇教学中运用框架语义学思想，能让学生清楚地理解某一词语在语义框架中的意义及其与语义框架中其他词语之间的关系，从而让学生更好地掌握某一词语并将其范畴化，进而准确地运用。

（二）语义框架属性对第二语言词汇教学的影响

语义框架并不是在现实世界中真实存在的实体（Jha & Mahmoud，2018）。作为一种认知域的心理概念，语义框架具有原型、视角和文化属性。语义框架的这些属性对第二语言词汇的教学有着不同的影响。

1. 语义框架的原型属性对第二语言词汇教学的影响

所谓原型属性，其实就是典型性，它指的是人们在想到一个事物时，在头脑中最先浮现出的具有代表性的例子。如图1所示"商业"框架第一排方框中列出的几个词语，它们是最具有原型性的成员。当人们提起"商业"框架时，首先想到的便有"商品""买""卖""购买者""销售者""收款""付款"等词语。除了这些最具原型性的成员，"商业"语义框架还涉及很多非原型性的成员，如支付方式（现金支付、刷卡支付、微信支付、支付宝支付，等等）、商品质量、性价比、商品材质、商品数量等。在进行词汇教学时，教师应先讲授框架中最具原型性的成员，然后再拓展讲授非原型性成员，这样的教学法符合人们的普遍认知经验，容易让学生理解和接受。

2. 语义框架的视角属性对第二语言词汇教学的影响

所谓语义框架的视角，是指说话之人看待问题的角度。在相同的语义框架中，不同的视角可能会唤起不同的语义框架成员，而视角的选择遵循凸显原则（李福印，2008：120；Jha & Mahmoud，2017）。如在"商业"框架中，从买方视角出发，"买"所唤起的是"买方"和"商品"之间的行为关系；而从卖方的视角，"卖"所唤起的则是"卖方"和"商品"之间的行为关系。这就要求教师在运用语义框架进行第二语言词汇教学时要先确定好视角，在词汇讲授中要保持视角的统一性，避免思维的跳跃，从而实现思维和理解的连贯性，让学生易于接受和掌握词语。

3. 语义框架的文化属性对第二语言词汇教学的影响

一个语义框架包含哪些元素以及这些元素之间的关系如何，取决于使用该语义框架的民族（或族群）所有成员的认同。每个民族（或族群）的认同并不是凭空产生的，这种认同来自共同的日常生活、工作、休闲、娱乐等社会活动以及在此基础上形成的经验、信仰、风俗以及习惯等（汪立荣，2011）。因此，同一语义框架在不同的民族（或族群）文化中包含的框架成员是不同的，相互之间的关系也是不同的。如"餐具"框架，在汉文化背景中，最具典型性的成员是"碗"和"筷子"；而在西方文化背景中，最具典型性的成员是"刀""叉"和"盘子"。因此，在运用语义框架进行第二语言词汇教学时，教师不能忽略语义框架的文化属性，应将语义框架与具体的民族（或族群）文化联系在一起，让词汇的讲解更合理，更具针对性。

三、运用框架语义学思想进行第二语言词汇教学的优势

运用框架语义学思想进行第二语言词汇教学，除了能让学生更好地理解和掌握词语，还能帮助教师解决诸多第二语言词汇教学中的难题。

（一）解决多义词教学难题

任何一门语言都有很多多义词，这让第二语言学习者很难把握。而很多一词多义现象都是因为词语具有可替换性语义框架（Fillmore，1975：124，2003）。如果教师把这些多义词的每一义项放到相应的语义框架中，让学生掌握词语的每一个义项，将会让多义词的学习变得简单。如汉语中的"质量"一词，如果教师将其植入物理学框架中，就能轻松地让学生掌握其"物体所含物质的量"这一义项，这一意义的所指是可以真实感知和量化的；而如果将其植入评价框架中，则可以让学生轻松掌握其"产品或工作的优劣程度"这一义项，这一义项的所指是抽象的、较难量化的。

（二）解决近义词教学难题

在第二语言学习中，近义词也是学习者的一个难点，因为近义词往往指称同一个事物，只是在语义上存在细微的差异。之所以造成这种细微的语义

差异，是因为这些近义词所使用的语义框架存在差异。因此，只要人们能将这些近义词准确地植入其对应的语义框架，便能准确地区分它们的意义。如英语的"land"和"ground"都是指称"陆地"，但二者之间的语义是存在细微差异的，"land"是与"sea（海洋）"相对的，它适用的语义框架是一种地域框架；而"ground"是与"air（天空）"相对的，它所适用的语义框架是一种空间框架。正是各自适用的语义框架的不同造成了它们语义上的差异。因此，一只鸟"在陆地生活（spends its life on the land）"是指它不是在水里生活；而一只鸟"在地面生活（spends its life on the ground）"则是指它不会飞（Fillmore，1982：121）。教师只要将这些近义词准确地植入适应的语义框架，学生就能轻松掌握和区分。

（三）解决词汇搭配问题

在第二语言学习中，词语搭配也是一个难点，如果词语搭配不当就很难准确地表达所要表述的意思，或是在母语者听来有一种怪异的感觉。如在英语中"bark"和"bay"都是指狗叫，但是二者使用的语义框架是不同的，前者适用于普通狗叫的语义框架，后者适用于猎狗叫的语义框架。因此"A dog was barking（狗曾经在叫）"和"A hound was baying（猎狗曾经在吠）"是英语的习惯用法，而"A dog was baying（狗曾经在叫）"和"A hound was barking（猎狗曾经在吠）"则是不符合英语习惯用法的。因此，只有将处于同一语义框架中的词语进行搭配才能保证语义的准确性，符合母语表达习惯。

四、第二语言词汇教学中语义框架的选择和运用原则

在第二语言词汇教学中，教师在运用语义框架进行词汇教学时，必须遵循以下原则。

（一）熟悉易懂原则

在第二语言词汇教学中，教师在选择语义框架时首先要遵循熟悉易懂原

则，即教师选择的语义框架要尽量切合学生的日常生活，避免选择过于生涩或过于专业的语义框架。如在对外汉语词汇教学中，对于"沸点（指液体沸腾时的温度）"一词，在熟悉易懂原则的指导下，最为合适的语义框架是"烧开水"这一语义框架。因为在日常生活中，几乎每个人都见过或做过"烧开水"这一行为活动，对此非常熟悉。如果教师将"沸点"一词植入专业的物理热学框架中，很多文科生则会因不熟悉而难以理解。这将不利于学生对"沸点"一词的理解和掌握。上述例子很好地告诉教师：在第二语言词汇教学中，要尽量选择和运用贴近日常生活的语义框架，努力避免选择和运用专业性过强的语义框架。教师运用框架语义学思想进行第二语言词汇教学的目的在于让学生能更加轻松、容易地学习和掌握第二语言词汇。只有选择和运用那些贴近生活的、学生熟悉易懂的语义框架，才能更好地实现此目的。

（二）文化与认知适应原则

任何一个民族都有其独特的民族认知和民族文化，这是每个民族对自己所处的特定环境的适应结果（张公瑾，1998：23-29；张公瑾、丁石庆，2004：19）。这一点体现在语言中就是每个语言都有自己特定的词汇和语言使用及表达习惯。同一语义框架，对于不同的民族语言，其包含的成员是有差异的（Kallmeyer, Osswald & Pogodalla, 2017）。因此，在第二语言词汇教学中，语义框架的选择必须要考虑相应的民族认知和文化。当第二语言词汇涉及的语义框架与学习者母语中所包含的内容存在差异时，教师应该先讲解该语义框架中与学习者母语中所包含的内容相一致的词汇，然后讲解那些不一致的词汇。在讲解那些不一致的词汇时，教师需要将该语义框架在第二语言中所涉及的与民族认知和文化相关的背景内容讲解给学生，从而帮助学生更好地理解和掌握相关的第二语言词汇。例如在对外汉语教学中向西方学生讲解"用餐"框架下的词汇时，教师应该首先讲解"刀子""叉子""勺子"等西方学生熟悉的词汇，以及西餐中的各种食物名称等。然后再向学生讲解中西方餐饮文化的差异，尤其是中国餐饮文化的特色。待学生了解中西方餐饮文化的差异后，教师再接着向学生讲解"筷子"这一具有中国餐饮特色的用餐工具以及有特色的中餐食物名称等。

教师在选择和运用语义框架时必须要以民族认知和文化为背景，因为任何一个语义框架都需要植根于特定的民族认知和文化之中。在运用语义框架时，教师一定要注意语义框架与民族认知和文化之间的适应性，避免因文化差异造成歧义和误解。

（三）最优化使用原则

所谓最优化使用原则（又可叫最大化利用原则）是指在运用语义框架时，教师应将每一个语义框架所涉及的词语进行全部讲授或大部分讲授，以实现用尽可能少的语义框架讲授尽可能多的词语，从而让每一个语义框架发挥最大作用。如图1中展示的"商业"框架中主要列出了一些具有原型性的成员。如果在该框架中教师所讲的词语仅限于此，则没有实现语义框架使用最优化这一原则。在最优化使用原则的指导下，教师应该在讲述完图1中所列的具有原型性的词语后，继续引申讲解那些非原型性的词语，如商品名称、质量、数量、性价比等。这样可以让学生在该语义框架下学习和掌握更多的词汇。

五、基于框架语义学的第二语言词汇教学方法的实验统计分析

（一）教学实验设计

为了验证本文提出的将"框架语义学的思想运用于第二语言词汇教学"这一教学方法的有效性，我们特意在泰国曼谷地区6所中学共12个班级的中文教学课堂上进行了实验。具体方法是：在每所中学选两个班，其中一个为实验班，一个为平行班。实验班的中文词汇教学采用本文提出的框架语义学教学法，而平行班则采用逐词讲解的传统教学方法。为了降低教师个人因素对实验结果的影响，本次教学实验特意做了如下安排：有3所中学的实验班和平行班为同一教师授课，另外3所中学的实验班和平行班为不同教师授课。参与本次教学实验的中学的基本情况如表1所示。

表1 参与教学实验的中学的基本情况

	实验班		平行班	
	班级数量	人数	班级数量	人数
中学1	1	35	1	33
	教师A			
中学2	1	33	1	36
	教师B			
中学3	1	35	1	35
	教师C			
中学4	1	32	1	34
	教师D		教师E	
中学5	1	36	1	31
	教师F		教师G	
中学6	1	33	1	35
	教师H		教师I	

在教学实验中,我们将词汇教学分为四类:一般词汇教学、多义词教学、近义词教学和词语搭配教学。每一类词汇教学分别安排了3次课(每次课2课时),共12次课。在每次教学完成后,由任课教师采用口语考试和书面测试两种方式检测学生对所学词汇的掌握情况。为了保证实验数据统计的有效性,参与本次实验的所有班级讲授的内容完全一致,使用的测试题也完全相同。

(二) 教学实验结果统计

此次教学实验结束后,我们对此次教学实验中学生对词汇的掌握效果的相关数据进行了多视角的统计,结果如表2所示。

表2　学生对各种词汇教学掌握效果

	一般词汇教学	多义词教学	近义词教学	词语搭配教学
实验班（6个）掌握词汇的比率	95%	93%	92%	94%
平行班（6个）掌握词汇的比率	81%	71%	69%	73%
效果级差	14%	22%	23%	21%

此外，为了检测教师个人因素对教学效果的影响，我们还对"实验班与平行班为同一教师授课的词汇教学掌握效果"和"实验班与平行班为不同教师授课的词汇教学掌握效果"分别进行了统计，统计结果如表3、表4所示。

表3　实验班与平行班为同一教师授课的词汇教学掌握效果

	一般词汇教学	多义词教学	近义词教学	词语搭配教学
实验班（3个）掌握词汇的比率	96%	91%	93%	92%
平行班（3个）掌握词汇的比率	83%	70%	71%	72%
效果级差	13%	21%	22%	20%

表4　实验班与平行班为不同教师授课的词汇教学掌握效果

	一般词汇教学	多义词教学	近义词教学	词语搭配教学
实验班（3个）掌握词汇的比率	94%	95%	91%	96%
平行班（3个）掌握词汇的比率	79%	72%	67%	74%
效果级差	15%	23%	24%	22%

（三）教学实验结果分析

本次教学实验的数据统计结果证明，基于框架语义学思想进行词汇教学的效果明显好于采用传统的逐词讲授方法进行词汇教学的效果。基于框架语义学思想进行一般词汇教学时，学生对掌握词汇的比率要比采用传统的逐词讲授的教学方法高14%。而对于词汇教学中的难点问题，即多义词教学、近义词教学和词语搭配教学，基于框架语义学思想进行教学，其教学效果比采用传统的逐词讲授的教学方法好。这一实验结果充分体现了框架语义学思想在词汇教学方面的优势。

此外，表3和表4的统计结果显示：实验班和平行班为同一授课教师的学校与实验班和平行班为不同授课教师的学校的教学效果差异非常小。这不仅说明教师个人因素对本次教学实验的结果几乎没有影响，也从侧面验证了此次教学实验结果的可靠性。

六、小结

第二语言词汇教学是第二语言教学中非常重要的一个环节，也是一个相对较难的环节。如何更有效地进行第二语言词汇教学一直是语言教学者潜心研究的课题。本文以框架语义学为基础，探讨了如何将框架语义学的思想运用于第二语言教学，探讨了将框架语义学的思想运用于第二语言词汇教学中能解决的关于词汇教学的难题，并提出了将框架语义学思想运用于第二语言教学中的一些指导性原则，旨在为第二语言词汇教学提供一个新的视角和一些新的方法。最后，本文通过教学实验统计分析的方法验证了运用框架语义学思想进行词汇教学的可靠性和优势。

引用文献

李福印. 认知语言学概论 [M]. 北京：北京大学出版社，2008.
汪立荣. 框架语义学对二语词汇教学的启示 [J]. 外语研究，2011 (3)：49-56.
张公瑾. 文化语言学发凡 [M]. 昆明：云南大学出版社，1998.
张公瑾，丁石庆. 文化语言学教程 [M]. 北京：教育科学出版社，2004.
张辉. 语义跳跃——语义构架中的框架转换与概念整合导读 [M] //Seana Coulson. 语义跳跃——意义建构中的框架转换与概念整合. 北京：世界图书出版公司，2010.
Fillmore C. J. An Alternative to Checklist Theories of Meaning [C] //*Proceedings of the First Annual Meeting of the Berkeley Linguistics Society*. Berkeley：Berkeley Linguistics Society，1975：123-131.
Fillmore C. J. Scenes-and-frames Semantics [C] //*Linguistics in the Morning Calm*. Seoul：Hanshin Publishing Company，1977：111-137.

Fillmore C. J. Frame Semantics [C] //*Linguistics in the Morning Calm*. Seoul: Hanshin Publishing Company, 1982: 111-137.

Fillmore C. J. Frames and the Semantics of Understanding [J]. *Quaderni di Semantica*, 1985 (2): 222-254.

Fillmore C. J, B T S Atkins. Toward a Frame-based Lexicon: the Semantics of RISK and Its Neighbors [C] //*Frames, Field and Contrast: New Essays in Smantics and Lexical Organization*. Hillsdale, New Jersey: Law rence Erlbaum, 1992: 75-102.

Fillmore, C. J. Frame Semantics [C] //A. Anderson & G. Hirst & J. Miller. *Encyclopedia of Language and Linguistics*. Vol. 4 (2nd Edition). Amsterdam: Elsevier, 2006: 613-620.

Fillmore C. J. Frame Semantics and the Nature of Language [J]. *Annals of the New York Academy of Sciences*, 2010 (1): 20-32.

Fillmore C J. Double-Decker Definitions: The Role of Frames in Meaning Explanations [J]. *Sign Language Studies*, 2003 (3): 263-295.

Glenberg A. Few Believe the World is Flat: How Embodiment is Changing the Scientific Understanding of Cognition [J]. *Canadian Journal of Experimental Psychology*, 2015 (2): 165-171.

Jha N, Mahmoud A. Using Frame Semantics for Classifying and Summarizing Application Store Reviews [J]. *Empirical Software Engineering*, 2018 (1): 1-34.

Jha N, Mahmoud A. Mining User Requirements from Application Store Reviews: Using Frame Semantics [J]. *Requirements Engineering: Foundation for Software Quality*, 2017 (2): 273-287.

Kallmeyer L, Osswald R, Pogodalla S. Quantification in Frame Semantics with Binders and Nominals of Hybrid Logic [J]. *Journal of Language Modelling*, 2017 (2): 357-383.

Lakoff G. Cognitive Semantics: The Basic Mechanisms of Thought [A] //*Ten Lectures on Cognitive Linguistics*. London/Boston: Brill, 2017: 64-82.

Langacker R. W. *Cognitive Grammar: A Basic Introduction* [M]. New York: Oxford University Press, 2008.

Petruck M. Frame Semantic [C] //*Handbook of Pragmatics*, Philadelphia: John Benjamins, 1996: 1-13.

Ungerer F. H Schmid. An Introduction to Cognitive Linguistics [M]. *Beijing: Beijing Foreign Language Teaching and Research Press*, 2001.

作者简介

韩江华，四川大学文学与新闻学院副教授，硕士生导师，主要研究方向为认知语言学、社会语言学、文化语言学、侗台语历史比较研究以及语言教学研究。

黄丽娜，广西民族大学民族学与社会学学院在读博士，主要研究方向为语言学与语言教学，民族文化学。

体演文化教学法与第三空间：
国际汉语人才培养新思路

刘　颖　杨一雄

提　要　培养目标是第二语言教学领域的重点，汉语国际教育的培养目标在新时代下是否有新内涵，值得我们思考。体演文化教学法作为一种方兴未艾的教学法，对培养怎样的高级汉语学习者提出了新目标与新思考。体演文化教学法从专业领域和第三空间出发，探讨高级汉语学习者应该是怎样的跨文化交际者。这为汉语国际教育未来的发展方向提出了新思路。

关键词　体演文化教学法　培养目标　专业领域　第三空间

汉语国际教育在2012年以前名为对外汉语，本学科自1978年确立以来，至今已有40多年的历史。随着时代的发展，现代网络与新媒体科技取得了跨时代的进步，全球交际不再如往日般困难；突如其来的疫情，使人们对网络办公、网上教学以及网上交际等的需求更加急迫。在互联网时代，国际交流的机会增加，人们通过社交软件和办公软件可以直接进行跨国别、跨文化的交际。在这样的背景下，对于"汉语国际教育应该培养怎样的人才"这一问题，学者们有了进一步思考的空间。

《国际汉语教学通用课程大纲》指出，国际汉语教学课程的目标是培养学习者由语言技能、语言知识、策略和文化能力组成的语言综合运用能力。刘珣在《对外汉语教育学引论》里提出，对外汉语教学的目标是培养汉语交际能力（刘珣，2000）。赵金铭认为汉语作为第二语言教学的目标是培养学习者具有在现实生活中自由运用汉语进行交际的能力（赵金铭，2008）。国际二语教学界和国内部分学者认为，跨文化交际能力应当成为国际汉语教学的人才培养目标。吴勇毅进一步提出，我们不应当为习得语言而学语言，从IB课程体系出发，应该培养学习者的"国际情怀"和"国际意识（international mindedness）"（吴勇毅，2021）。

崔永华在前人基础上，进一步明确了教学法的发展与培养目标的关系：20世纪40年代以前以语法翻译法为代表，目标为教授语言知识的教学法；20世纪40年代到50年代以听说法为代表，目标为教授语言技能的教学法；20世纪60到70年代以认识法为代表，目标为培养语言能力为主的教学法；20世纪70年代以后以交际法为代表，目标为培养交际能力为主的教学法；20世纪90年代以后以跨文化教学为代表，目标为培养跨文化交际能力的教学法（崔永华，2020）。

21世纪以来，新形势对国际汉语人才培养提出了新要求。兴起于美国的体演文化教学法在过去几十年的不断实践和探索中取得了不错的成效，该领域学者近年提出的专业领域课程和第三空间理论更是在培养目标上有所创新。在国际二语习得界以培养跨文化交际能力为主流目标的今天，该教学法对教学目标和人才培养的思考更值得我们借鉴。

一、体演文化教学法及其人才培养基本设想

体演文化教学法（The Pedagogy of Performing Another Culture）是由美国俄亥俄州立大学东亚语言文学系吴伟克、野田真理等率先提出的全新教学法，该教学法借鉴了西方当代语言学、教育学、文化人类学、跨文化交际、戏剧表演理论等许多学科的思想精华，并且从中国传统的儒家、道家思想中得到许多启发。体演文化教学法认为，应该为学生提供目的语文化语境，同时体演文化应该像体演语言一样有意识地进行。

体演，在英文中写为"Performance""Performing"或者"Performed"，一般直译为"表演"。但是"表演"不能表达其全部的意思，因此，该理论的倡导者使用"体演"一词，指在特定的情境里面深入地、以表演的方式呈现完整交际的活动。它是一种看得见的行为，是一个人或多或少与他人相关联的行为，并不是抽象的术语范畴。

"文化"从广义来看，可以指人类创造的一切物质和精神的文明成果（程裕祯，2017）。受人类学理论影响，吴伟克认为，以往的教学法没有将语言和文化完全结合起来，目的文化要么淹没在本土文化当中，要么在教学过程中完全不出现。而学习一门语言，就是要求学习者参与目的语文化的交流。对于目的语文化中的现象，不应该给出基于本土文化的任何解释，而是

应该完全以目的语文化为依据，给出最符合交际现实的解释。同时，教师在课堂上应采取的态度是以目的语文化为主，甚至抛弃本土文化，因为学习一门语言必然要做到观念上的革新和行为上的融入（吴伟克，2010）。

二、体演文化教学法的总体设计与人才培养模式

从体演文化教学法的基本概念和设想中可以看出，文化在该教学法里占据着核心的位置。文化应该作为一种记忆，融入学习者的目的语文化体系，让学习者构建起一套全新的、属于自己的文化记忆。文化记忆一部分来自课堂记忆，另一部分来自学习者课外的交际经验。这要求学习者在课堂上积累足够的体演经验和文化记忆，为日后的跨文化交际做好铺垫。文化记忆的构建是文化知识积累的过程，积累文化知识最高效的方法是在当地学习语言和文化。而在课堂中完成的文化积累则需要经历从简单到复杂，从单一到综合，从一般到特殊的学习过程，才能更好地积累知识和建构文化记忆。

因此，学习过程是最需要我们关注的地方。在学习过程中，行为者、活动和记忆是三个关键，具体来说，三者的关系可表述为，行为者通过活动得到记忆。而在完整学习过程的三个部分里，能够细化出具体的七个细节：角色、文化知识和语言知识、体演和游戏、故事、积累、案例和情境模式以及第二文化世界观构建（吴伟克，2010）。

所谓的第二文化世界观建构是在活动中形成的记忆，通过积累在活动中所学到的某一种语言的文化知识和记忆，经过长久实践和消化形成自己的知识，或是一种新的自我感受的建立（吴伟克，2010）。新积累的文化知识，在语言学习过程中，逐渐与本土文化知识体系分离，最终形成自己的第二文化世界观。在第二文化世界观建构以后，学习者可以根据这个世界观里已有的知识，对新的信息进行判断并获得新知识。也就是说，在第二文化世界观的引导下，学习者的行为会越来越趋近于目的语文化居民。这个时候，我们可以认为，经过完整的学习，学习者已经具备了一定的自主学习能力。而体演文化教学法的目标之一，就是培养学生脱离老师，掌握自己运用工具和资料自学的能力。

本着帮助学生建立第二文化世界观的意图，体演文化教学法提出了学习式教学法（Learning Model Instruction）和习得式教学法（Acquisition

Model Instruction)。学习式教学法注重教学的内容，在课堂中通常包含许多语言要素讲解，如词汇、句型以及文化知识等。而习得式教学法则强调学习者的学习能力，讲究的是一种学习能力的培养。教师主要是给学习者传授一些学习策略和技巧，让学习者可以不依赖学习环境和教师，独立地解决问题。

从教学模式来看，体演文化教学法课程主要包括理论课（Fact）和实践课（Act）。理论课主要教授比较基础的目的语语言知识和文化知识。实践课以学生为中心，教师根据课前的准备设置好体演场景，包括特定的时间、地点，准备好相关道具，并根据大致的体演脚本分配好角色。在学生进行体演的过程中，教师需做好相应的记录，在体演结束后，提出具体的问题，检测学生是否掌握和理解体演中的台词和对话。

从内容来看，体演文化教学法将课程主要分为语言课程（Language Course）和专业课程（Content Course）。语言课程指的是传统的汉语课程，包括上述语言技能和语言知识，重点在语言的操练上，要求学生在语言学习的初级阶段完全通过语言课程尤其是技能课来进行学习。专业课程是为了提升学生的语言能力并增加其在某一领域的知识。在专业课程中，学习者主要是通过阅读和写作来提高语言技巧，使用的语言材料则是传统课文和非传统语言材料相结合的内容，其中既有文学的内容，也有关于中国社会某个领域的内容。教师引导学生使用材料获得信息，并让学生在充分获取材料信息后参加讨论，或者书写相应的报告，以帮助和检测学习者对相关知识的掌握。

体演文化教学法同样以初、中、高三个等级对学生掌握汉语的水平进行判断。需要注意的是，对学生汉语水平等级的划分，不能和阅读或写作水平等级简单对应，而应具体问题具体分析。从课程模式与设计中我们发现，无论是第二文化世界观，还是专业课程理念的应用，都符合培养跨文化交际人才的观念。特别是在中高级阶段，体演文化教学法提出的一些新理论，对目标的培养有了新实践。

三、体演文化教学法专业课程设计与培养目标

在吴伟克看来，专业课程对汉语学习者的语言水平有着更高的要求，专业课程的目的是培养学生概括中国社会的能力，而非完美呈现中国社会

83

（2010：65）。专业课程的设计体现出体演文化教学法对汉语学习者培养目标的新发展，即汉语学习者不需要完全变成一个"中国通"，他只需要在一个专门的领域成为专家并且拥有流畅的学术交流和日常交际能力。

"领域"（Domain）这一概念，其实是超越了语言学而从语言哲学与认知心理学的角度来审视第二语言及第二文化习得的过程。从语言哲学与认知学的角度来看，语言是知识的载体，也是文化不可分割的一部分。虞莉（2020）指出，体演文化教学法把"领域"的概念引入外语课程设计，认为二语学习是学习者在目标文化中社会化的一个过程，而在这个社会化过程中，学习者先学习如何在日常领域中说话做事，然后在比较复杂的领域发表见解或与人沟通，最后可以通过其一技之长在一个专门领域中游刃有余。

要想确认"领域"这一课程概念是否有效地适用于学习者能力的培养，我们就有必要考察体演文化教学法在高级汉语学习者专业课程中的教学实践。结合上文提到的第二文化世界观的构造可以看出，体演文化教学法致力于培养独立的、在学术上开辟自己专门领域的、在文化上以第三空间人格处世的新型高级汉语人才。其中，专门领域即专业领域，实际上就是术业有专攻的意思。体演文化教学法的实施者在几十年的教学实践中逐渐认识到，高级汉语学习者不一定要样样精通，他只需要在自己熟识或专攻的领域能熟练使用汉语，能够完成学术性和日常性的写作与交流。这样的培养目标能够应对一些领域高端汉语人才匮乏的问题。截至2018年年底，全世界学习汉语的人数超过1.5亿，但是伴随着"汉语热"出现的是汉语学习者的"金字塔"现象。这意味着在现阶段的汉语学习者群体中，初级阶段的学习者多，高级阶段的学习者少。据德国汉学家柯彼德（2020）观察，德国人大约只有两三个能胜任汉语同声传译，从全世界的需求来看，达到专业性汉语水平、从事高级翻译的人数还远远不够。

另外，随着学习者汉语水平的逐步提升，其中文水平差异会越来越明显：有的学生语调很好，但是词汇和表达能力不足；有的学生在自我表达和写作方面表现不错，但语调不太标准。这在一档综艺节目《非正式会谈》中有明显的体现。该节目以会中文的外国嘉宾为主体，节目里的外国嘉宾都能够流利地用中文交流，但是他们在词汇、语调以及语法方面有着显而易见的差异。越到高级阶段，这种问题越难在大班教学中得到明显改善。早就有专家指出，对于二语学习者，越到高级阶段，越需要小班教学，这样才能保证教学质量，有针对性地提高学习者的水平。实际上，在条件允许的情况下，对高级阶段的汉语学习者进行一对一教学，是最理想的状态。

体演文化教学法的倡导者在专业课程的设计上也做了如此考虑。比如，任教于美国威廉大学（Williams College）亚洲研究系的虞莉老师在美国大学里为四年级的学生开设的高级汉语课程，就脱离了单纯的语言课堂模式。该课程以专业课的形式用汉语讲授专业领域知识，类似于国内大学以全外语讲授的专业课。不同的是，这门课程采用了牛津大学本科生导师制教学模式（Oxford Tutorial），该模式由学生独立学习（Independent Study）、大班课模式（Lecture）和学生与导师的一对一小班课（Tutorial）组成。这种教学模式鼓励学生在进行大量阅读、自学、文章写作练习后，和导师见面讨论，从而快速地获取知识，实现独立思考。这种教学模式要求学生每周与他们的导师见面，讨论阅读书目及习作。在小班化的汉语教学中，学习者可以快速获取某方面的专业知识，个人的听说读写能力也可以得到巨大提升。

虞莉老师所开设的文化学课程也做出了一些改进，作为高年级的专业课，该课程取得了较好的教学效果。具体做法包括限制学生人数（上限10人），让学生两人一组在教授的指导下进行以学习者为主导的一对二的小班教学。这门课具有时间短、任务量大、学习时间密集的特点。学生需要进行大量的阅读以及观影学习，在自学的同时也要在12周里完成4篇小作文、4篇修改稿以及一份自选主题的研究报告，并与老师和学伴讨论、修改。老师每次面授时长为1小时，而学生一周自主学习的时间为10~13个小时。在1小时的面授中，学生需要对自己的作业进行汇报，也要和老师直接就学习材料进行讨论。

这样一对二的直接教学，不仅能帮助学习者获取专门领域内的知识，进一步了解关于中国某一领域的文化，也提高了学习者的汉语水平。在"一对二"的过程中，学习者不仅进行了直接的听力和口语训练，在书面写作上还得到了更精细的指导。老师虽然只在课堂上讲1个小时的课，但是每周都要准备话题，对材料做一个导读，并记录学习者在口语交际中出现的问题，修改每一位学生提交的书面作业。这些精细的工作使课堂内容变得丰富，学生的主动讨论也会有许多惊喜。最重要的是每个学生都在自己现有的基础上得到个别化、差异化的指点而取得进步，所以每个学生都很有成就感（虞莉，2020）。

体演文化教学法作为一种第二语言教学法，不应该仅用于汉语教学，而是应当经过充分实践后推而广之到第二语言教学界。在专门领域的课程中，学习者学习的是专精的知识，其学习目标是实现从全知全能到术业专攻的转变；同时，在第二语言课程中设置专门领域课程，对学习者来说也是一种跨文化知识的吸收和跨文化交际的训练。老师指导下的口语、书面语交流，有很多可试错的地方。当老师本人是母语者时，这种跨文化交际的训练与试错更具真实性，可以为学习者未来的跨文化交际做更好的铺垫。因此，专业领域课程不仅能够培养学生的专业知识，在条件允许的情况下，更可以训练学习者的跨文化交际能力，这是值得我们思考与借鉴的地方。

从导师制到小班化再到"一对二"乃至"一对一"的交流，专门领域的课程体现着体演文化教学法提出的专业化目标，帮助学习者从复杂的领域过渡到专门的领域。事实上，国内高校在培养高级英语人才时已经采取了这样的做法，如设置商务英语、法律英语等专业课程。体演文化教学法在国内外语教学方面已经有了一套比较成熟的体系，在对外汉语教学领域也有了一些建树，但在这条道路上还有进一步探索的空间。

四、汉语教学中的第三空间

体演文化教学法致力于培养独立的、在学术上开辟自己专门领域的、在文化上以第三空间人格处世的新型高级汉语人才。2021 年，美国俄亥俄州立大学简小滨教授和中国昆山杜克大学张欣教授合作出版新书《第三空间与汉语教学法：另一种文化中的交流意图与期望》（*Third Space and Chinese Language Pedagogy：Negotiating Intentions and Expectations in Another Culture*），进一步对"第三空间"加以阐述。

在体演文化教学法里，第三空间（Third Space）是指跨文化交际者在进行交际时，其交际行为和意图既不完全符合其母语文化，也不符合目的语文化，而是在多元文化之间不断动态发展的，符合交际双方共同意图和期望的跨文化空间。第三空间是一个由多元文化共同建构的空间，其塑造出的第三空间人格将会使跨文化交际者更加轻松地进行跨文化交际。

简小滨教授（2021）在书中提出，沿着可构建的和动态的第三空间创立的可能性与道路来看，跨语言和跨文化的交际应该也能够开辟一个新的空间，在这个空间里不同的文化相互交汇、争辩与合作；行为者的期望和对他们行为的理解并不完全和一直符合一种文化的规范和模式，而是在多元文化之中流动；行为者新兴的多语言和跨文化角色的合作互动成为可能，反过来继续共同构建不断发展的多语言和跨文化第三空间。

培养汉语学习者的交际能力是我们非常熟悉的一句话，问题在于这种交际能力是以哪种标准而言。交际能力也包含跨文化交际能力，在以往我们提到汉语学习者的交际能力，很大程度是以汉语母语者的理想化能力作为定义和评估教学的基准。但是，任何一个二语学习者都不可能完全脱离自身的母语背景，如果仅以目标语文化为标准，学习者将会遇到重重困难，甚至迷失自我，难以确定个人的文化定位，由此最终放弃目标语的学习。如果以母语文化为指导，对目标语的学习又难以深入，在交际时很容易在文化休克中走不出来，从而对目标语产生抵触。总之，试图以单一文化人格为标准，可能让二语学习者在学习和交际实践中遇到困难。因此，第三空间的构建显得尤为重要。

第三空间是基于学习者母语和目标语文化而形成的多元文化背景下的新空间，它具有流动性（fluid）和动态性（productive）。在这个空间里，跨文化交际者对目标文化的认识是变化的，对文化差异的认知是随自身交际实践而发展的。动态认知的意识，让人能根据脑海中已有的概念和类别预测认识新事物，也能帮我们打破刻板印象（Barrent，2017）。如果缺乏动态认知，人们则容易对某一民族或人群持固有的认知或偏见。例如认为中国人总是集体主义的，美国人永远是个人主义的，法国人是浪漫的，德国人是严谨的。类似的刻板印象放在跨文化交际中，往往会使交际者在现实里受到冲击，进而形成糟糕的交际体验。

此外，我们需要重视的是，教学实践中有一种趋势，认为民族主义是语言学习和教学的默认形式。在跨文化交际中，母语文化者（native speaker）和跨文化交际者（non-native speaker）在交际时，常常有你我之分，这种区分是二元对立的，非你即我的。同时，这种对立里常常表现出"母语权威"的特点，即目标文化应该在跨文化交际中占有绝对的评判权威，这种"母语权威"是自发的、下意识的行为，也就是说，母语思维惯性主导着跨文化交际强势方的话语权。有不少跨文化交际者表示，他们和母语者之间确实存在一道屏障，这道屏障不仅是民族带来的，也是母语者们下意识的母语权威带来的。一位美国学生就曾提到，不论在中国还是美国，汉语中提到他们总说"外国人"，尽管中国人在美国才是外国人。这恰好反映了汉语母语者的母语中心思维。

同时，这种母语权威在面对不同类型的跨文化者时会有不同的表现，也就是说母语者对不同人群的交际期望和意图是不同的。例如，中国人在日常交际中面对讲汉语的外国人一般都比较宽容，不管中文讲得好不好，多半都会鼓励道"你的中文很不错"。然而当中国人面对华裔时情况却截然不同，如果华裔不会中文或中文不好，中国人可能会觉得不能理解，"你一个中国人怎么连中文都不会讲呢？"可见，当中国人面对外国人和华裔时，他们展现出来的交际期待与意图是完全不同的。在这种母语权威的主导下，母语者对跨文化者的交际期待和意图来自母语者对跨文化者语言理想状态的预设。但是，如果将这种理想化状态作为培养目标，对学习者而言或许是一种灾难。

正如张欣和简小滨（2021）所言，第三空间形成的第一步就是不再划分和分割文化界限。文化差异在大脑中被认知时是遵循一定的概念和类别认知规律的，在跨文化交际中，文化差异是最容易出现交际障碍的部分，可能造成双方交际意图和交际期望的冲突。因此在冲突出现之前，应当培养第二语言学习者认知与确立交际意图（intention）和期望（expectation）的能力。在建构第三空间时，要培养学习者对目标语文化背景的敏感度和动态处理能力，而这一切都应该建立在打破文化边界的基础之上。只有打破文化的边界，才能将文化作为一种可认知的元素输入大脑，从而建立起一个包容性更广的概念和类别库。如此，则文化差异的数据库消除了母语与目标语文化的对立，有的只是各不相同的文化。于是，文化差异便会被大脑根据已经存在的多元文化概念和类别进行识别，对它的认知将变成一种包容性的处理，一种在多元文化框架下得到的最优解，也是一种动态的文化认知，能有效地指导跨文化交际实践。

如上所述，学习者的母语文化和目标语文化在跨文化交际中构成一种简单的二元对立，而第三空间存在的意义就是化解这种简单的二元对立。从明显的二元对立，到认识二元的存在，到不再划分你我的境界，这就是第三空间形成的重要元素。然而第三空间并不是人有意识建构的，正如中介语不是学习者自己有意搭建一样，第三空间是客观存在的，它的发展是学习者在跨文化交际中逐渐丰富起来的。所以对于教师和学习者而言，有意识地去丰富第三空间和塑造第三空间人格，对双方都是一个挑战，也非常需要教师在中高级课堂中进行实践来提供更多的教学经验。

尽管如此，在第三空间理论下，确立母语者的交际意图和期望，已经有了一定的教学实践和经验，进而总结出一些教学建议。张欣（2021）在其文章《母语者效应、学习者的第二文化接受度与第三空间人格共建——基于目标文化期望的教学法》（*Native speaker effects, C2 receptivity of learner and co-construction of Third Space personae ——A pedagogy of target culture expectation*）中明确地提出了四条教学建议。其中值得我们注意的是将课堂上的体演活动和角色扮演类游戏结合在一起，在课堂模拟跨文化交际互动时，将跨文化交际中的交际意图和期望作为胜负标准之一，同时跨文化交际者保持尊严性（foreignness）与本土性（nativeness）的结合的特点。尊严性可以理解为保持部分自身文化特性的特点，而本土性则是部分地融入目标文化，这也体现着第三空间的动态性和包容性特点。

简小滨（2021：16-19）则使用"文化乌托邦"一词来形容第三空间，可见在跨文化交际和第二语言教学中，第三空间对于教学者和学习者来说都是一个颇有挑战性的跨文化项目。文化乌托邦指的是在跨文化与跨语言的背景下存在于想象的建构中的空间。这一空间本是无声的，当语言被使用时，这个空间便被语言和语言背后的文化传统与观念占领，成为母语权威影响下的空间；当一个人开始学习外语时，这个空间便逐渐被多种语言充斥。最初，学习者能够意识到多种语言文化的影响，它们非此即彼，存在对立，这也是大多数二语学习者停留的阶段；当各个空间的文化边界被打破，不分你我时，才能形成所谓的"第三空间"，反过来帮助学习者更好地进行交际与学习，让跨文化交际者在交际中更好地确立交际意图和期望。这也就是张欣（2021：21）所说的："培养外语学习者在专业领域上处理母语和非母语使用者之间微妙的权力关系的同时，有效地协商目标语言的意图。"

五、结语

体演文化教学法在课程实践和理论层面的新研究与新现象，不但重新定义了高级汉语学习者，对国际汉语人才培养总体思路也有不少启发。其专业课程领域培养和跨文化交际者第三空间构建，都是培养新型高级汉语人才所作的努力。和过去将汉语学习者培养为"中国通"的目标相比，培养精通专门领域且能在目标文化中顺利交际的优秀汉语人才的教学目标更具专业化的特点。这种培养目标的设置与变化，更加符合互联网时代和全球分工背景下的跨文化交际。

体演需要学习者能够对某一些文化项目和场景进行真真切切的实践，把目标文化和语言学习放到一起，从一开始就不做脱节的语言学习者，这本就是一种模拟跨文化交际场景的教学方法。到了高级阶段，学习者进入更专业的领域后也可以用一种更广阔的视野和更包容的心态来面对现实中的交际困难。虽然体演文化教学法没有过多地阐述跨文化交际能力，但无论是专门领域问题还是第三空间的建构，无一不体现着跨文化交际能力的重要性以及对学习者跨文化交际能力的重视。第三空间的提出，要求跨文化交际者以极其广袤的胸怀将文化纳入心中，打破民族与国家的界限，将文化当成人类文明进步的阶梯，用"大文化"的心态与思想去发展人类共有的文化空间。这对于任何一个学习者而言，都是一种挑战，也符合对人类文明向往的理想化心理。

目前，国际二语习得界普遍认同二语习得的目标是培养学习者的跨文化交际能力，国际汉语教学更应该一马当先，在教学理念和实践探索中进一步思考符合时代特点的人才培养目标。随着汉语被越来越广泛地使用，培养具备汉语跨文化交际能力的学习者，应当成为今天国际汉语教学界的关注点。在多元文化并存的时代，汉语教学者更应当在母语文化与目标语文化的张力之间寻找第三空间，培养既具有本土文化根基、又能包容他国文化的跨文化交际者，培养既具有一般交际能力，又具有专门领域语言知识的汉语人才。诚如崔永华所言："我们应当学习海内外二语教学界的教学实践和研究成果，树立培养跨文化交际能力的观念，重新建构'结构—功能—文化相结合'的教学思路和模式。"（崔永华，2020：25－36）体演文化教学法在第三空间与培养目标方面的思考正是我们探索国际汉语教育改革道路上值得参考和学习的对象。

引用文献

崔永华. 对外汉语教学的目标是培养汉语跨文化交际能力［J］. 语言教学与研究，2020（4）：25－36.

程裕祯. 中国文化要略［M］. 北京：外语教学与研究出版社，2017.

柯彼德. 汉语国际化的若干问题［J］. 语言教学与研究，2020（3）：1－9.

刘珣. 对外汉语教育学引论［M］. 北京：北京语言文化大学出版社，2000.

秦希贞. 中美跨文化交际误解分析与体演文化教学法［M］. 北京：外语教学与研究出版社，2017.

王建芬. 讲座分享：中文漫画小说作为中级程度语言课程的优势与挑战［EB/OL］. 体演文化教学法公众号，https：//mp. weixin. qq. com/s/sbDQHqADbZoQjYsbgLtKsA，2019.

吴伟克. 体演文化教学法：汉英对照［M］. 武汉：湖北教育出版社，2010.

吴勇毅. 我们不再是为习得语言而学习语言：更广阔的视角［J］. 国际汉语教学研究，2021（2）：38－43.

虞莉. 体验文化教学法学习手记：Performance［J］. 国外汉语教学动态，2004（4）：22－27.

虞莉. 从课本到文本：美国高校高级中文"领域课程"理念新探索［J］. 国际汉语教育（中英文），2020（4）：60－72.

虞莉. 牛津导师制教学方式与体演文化教学法的结合：谈高年级课程设计新思路［EB/OL］. 体演文化教学法公众号，https://mp. weixin. qq. com/s/tEs9TjK2aMDcZ56zVqEWu Q,2021.

赵金铭. 汉语作为第二语言教学：理念与模式［J］. 世界汉语教学，2008（1）：93－107.

张永芳. 体演文化教学法对语境的认识及在非汉语环境下对语境的设计［J］. 国际汉语教育（中英文），2020（2）：60－68.

曾稚妮. "知乎"也能用来上中高级汉语课？［EB/OL］. 体演文化教学法公众号，https：//mp. weixin. qq. com/s/9tnOgf05A－X0KEUYa3t 67Q, 2019.

Lisa Feldman Barrent. *How Emotions Are Made：The Secret Life of the Brain*［M］. Boston：Houghton Mifflin Harcourt，2017.

Xin Zhang, Xiaobin Jian. *The Third Space and Chinses Language Pedagogy：Negotiating Intentions and Expectations in Another Culture*［M］. London/New York：Routledge, 2021.

作者简介

刘颖，四川大学文学与新闻学院教授、博士生导师，主要研究兴趣为翻译研究、海外汉学、国际中文教育等。

杨一雄，四川大学文学与新闻学院汉语国际教育专业硕士研究生，研究兴趣为国际中文教育教学法、跨文化交际。

学生培养

四川大学汉语国际教育专业硕士学位论文选题分析

杜晓莉

提　要　根据《全日制汉语国际教育硕士专业学位研究生指导性培养方案》提出的人才培养目标和对学位论文的基本要求确立起来的学位论文研究领域类型，本文对四川大学2016—2020年376篇汉语国际教育专业硕士（简称"汉硕"）学位论文的选题进行了调查，发现个别选题不符合专业培养目标，而符合专业培养目标的论文存在研究领域分布失衡的情况。在此基础上，本文提出了在明确汉硕培养目标的前提下，扩宽选题视野，依据汉硕专业学位论文撰写指导性意见选题和制定专门的汉硕学位论文评阅表，引导专家按照专业论文对论文选题把关等建议。

关键词　汉语国际教育硕士　学位论文选题　培养目标

一、引言

2007年3月，国务院学位委员会发布了《汉语国际教育硕士专业学位设置方案》，开始在全国24所院校招收汉语国际教育专业硕士，四川大学是其中之一。迄今为止，四川大学已经连续15年招收汉语国际教育硕士，培养了逾千名优秀人才。

2020年下半年，为了迎接教育部全国专业学位水平评估，四川大学对本校的汉语国际教育专业学位的教学质量、学习质量等进行了全面的摸底调查，笔者参与调查了近5年（2016—2020年）的376篇中国学生的硕士学位论文，本文即是在此基础上撰写而成的，意在通过展示被调查学位论文的选题面貌，分析其选题特点和存在的问题，为今后的汉语国际教育硕士学位论文选题提出建议，以便各位同行根据明确的汉硕培养目标指导学生的学位论文写作。

二、论文的选题分析

（一）汉硕学位论文的研究领域

自 2007 年汉硕专业学位设立以来，教育部学位办和国家汉办先后出台了《汉语国际教育硕士专业学位研究生指导性培养方案》（2007）和《全日制汉语国际教育硕士专业学位研究生指导性培养方案》（2009）两个适用于中国学生的指导性培养方案。上述两个培养方案都明确指出了汉硕专业学位的目标：培养具有熟练的汉语作为第二语言教学技能和良好的跨文化交际能力，适应汉语国际推广工作，胜任多种教学任务的高层次、应用型、复合型专业人才。两个培养方案也对汉硕学位论文提出了指导性意见：应紧密结合汉语国际教育实践进行选题。由此可见，汉语国际教育专业学位是与国际汉语教师职业相衔接的专业学位，因此该专业的设立具有明确的职业导向，旨在培养能够胜任汉语国际推广和多种汉语教学任务的应用型人才，完成紧密结合汉语国际教育实践且有应用价值的学位论文并通过答辩是汉硕学生获得学位的一个必备条件。基于培养目标，汉语国际教育专业硕士的学位论文应该与学术型硕士有所区别，即更注重应用性和实践性，更应该突出职业导向和实践技能（卢跃红、钱金栿、陈艳兰等，2013）。

2011 年，国家汉办出台了《汉语国际教育硕士专业学位论文撰写指导意见》，不仅提出汉语国际教育硕士专业学位论文应紧密结合汉语国际教育实践进行选题，论文须具有明确的汉语国际教育背景和应用价值，而且把其中的"汉语国际教育实践"解释为是在理论指导下的实践，包括汉语作为第二语言教学、中华文化传播和跨文化交际等，其中，汉语作为第二语言教学包括教学理论、教学方法、教学模式、教学目标、教学设计等的研究，也包括语音、词汇、语法、汉字等汉语言要素教学的应用研究、基于教学的汉外对比研究。①

基于对汉硕培养目标和汉硕学位论文"理论指导下的实践性"要求的解读，我们将汉语国际教育研究的领域分为汉语作为第二语言教学（包括与之有关的汉语教学法、汉语要素教学、汉语教学资源、汉语测试、汉外对比五个具体领域）、汉语作为第二语言习得（包括学习者语言和学习者两个领域）、汉语本体特征、文化与交际（包括中华文化传播、跨文化交际两个领域）、汉语师资等五个能够体现在理论指导下的实践性模块。

（二）选题调查

在上文确立的汉硕学位论文研究领域类型的基础上，本文对所调查的四川大学 2016—2020 年五年间的 376 篇学位论文的选题进行了分类调查和排序，把无法归入上文所确立的五大理论指导下的实践性模块的选题归入"其他"类。调查结果见表 1。

表 1　2016—2020 年四川大学汉硕学位论文选题统计表

序号	研究模块及领域		数量		比例	
1	汉语作为第二语言教学	汉语教学方法	86	257	22.9%	68.3%
		汉语要素教学	81		21.5%	
		汉语教学资源	62		16.5%	
		汉语测试	12		3.2%	
		汉外对比	16		4.2%	
2	汉语习得	学习者语言	46	50	12.2%	13.3%
		学习者	4		1.1%	
3	汉语本体特征		15	15	4%	4%

---

① 国家汉办《汉语国际教育硕士专业学位论文撰写指导意见》（2011），原见于 www.hanban.edu.cn（汉办网），由于孔子学院总部更名为教育部中外语言交流合作中心，不再使用国家汉办名称，汉办网已不存在，故此处引用自山西大学 http://gs.sxu.edu.cn/docs/20140829180841827526.pdf。

续表1

序号	研究模块及领域		数量		比例	
4	文化与交际	中华文化传播	30	37	8%	9.9%
		跨文化交际	7		1.9%	
5	汉语师资		12	12	3.2%	3.2%
6	其他		5	5	1.3%	1.3%
合计			376		100%	

从上表可以看出，在376篇论文中，有5篇论文不符合"紧密结合汉语国际教育实践进行选题"的要求，除此之外的371篇论文都体现了实践性、实用性的选题要求，这些论文覆盖了与汉语国际教育相关的五大模块、十一个领域，五大模块在371篇论文中的分布占比由大到小依次为：汉语作为第二语言教学＞汉语习得＞文化与交际＞汉语本体特征＞汉语师资。

汉语作为第二语言教学这一模块的论文数量最多，总共有257篇，占论文总数的68.3%。单看这一模块内的每一个领域的研究论文数量，汉语测试的论文有12篇，只占论文总数的3.2%；汉外对比的论文有16篇，占论文总数的4.2%；汉语教学方法、汉语要素教学和汉语教学资源三个领域中的每一个领域的论文数量都比其他模块的论文数量多很多，其中有关汉语教学方法的论文有86篇，占论文总数的22.9%；关于汉语要素教学的论文有81篇，占论文总数的21.5%；关于汉语教学资源的论文有62篇，占论文总数的16.5%。

汉语习得模块的论文数量在各模块中虽然位居第二，但与居第一位的汉语作为第二语言教学模块相比，数量悬殊，仅有50篇，占论文总数的13.3%。这一模块的论文主要有学习者语言和学习者两个研究领域，其中，学习者语言研究的论文有46篇，占论文总数的12.2%；而对学习者的研究论文只有4篇，占论文总数的1.1%。

论文数量居第三位的是文化与交际，有37篇，占论文总数的9.9%。这一模块包括中华文化传播和跨文化交际两个领域，论文数量分别为30篇和7篇，各占论文总数的8%和1.9%。

汉语本体特征和汉语师资这两个模块的论文数量都比较少，分别各有论文15篇和12篇，各占论文总数的4%和3.2%。

（三）选题特点与问题分析

从前面的数据和选题情况介绍可以看出，川大近五年的汉语国际教育专业硕士学位论文的选题有如下特点：

第一，绝大多数论文符合专业选题要求，注重实践、注重应用。前文已述，教育部学位办、原汉办等多个部门关于汉语国际教育专业的指导性文件中都提到该专业的硕士学位论文要在理论指导下结合专业实践进行选题。在调查的376篇论文中，有371篇论文符合这个专业选题要求，其中，有15篇专门研究汉语本体特征的理论性论文，其余的356篇则是与汉语教学、汉语习得、汉语师资和文化与交际相关的体现了实践性的论文。实践性论文和关于汉语本体研究的理论性论文的比例约为24：1，可见，绝大多数论文选题都体现了实践性要求。

第二，选题模块和领域分布不均。从选题模块角度看，选题集中于汉语作为第二语言教学，对汉语师资的关注不够。从选题领域角度看同样存在选题分布不均的情况。在汉语作为第二语言教学模块中，同学们热衷于对汉语教学方法、汉语要素教学和汉语教学资源三个领域的研究，而对汉语测试和汉外对比研究的关注则不多。实际上，研究汉语教学方法的论文往往通过把某种教学方法运用于汉语的某些要素的教学中来检验其效果，而汉语要素教学的讨论往往要涉及运用什么方法来教学才会取到更好的成效，这样来看的话，在汉语作为第二语言教学模块中，同学们对如何进行汉语作为第二语言的各要素的教学的关注度非常高，关于汉语教学方法和汉语要素教学两个领域的研究论文占比高达44.4%。在汉语习得模块中，同学们热衷于对学习者语言的研究，这方面的论文有46篇；如而对学习者本身（学习策略、学习风格等）的研究则很少，相关论文只有4篇。46篇学习者语言研究论文又可分为偏误分析、中介语研究和习得顺序研究，这三方面的研究同样存在分布不均的情况，其中，偏误分析论文有37篇，中介语研究和习得顺序研究论文分别只有5篇和4篇。文化与交际模块中的中华文化传播和跨文化交际两个领域的论文数量同样存在差距甚大的情况，其中，中华文化传播领域的论文有30篇，而跨文化交际领域的论文则只有7篇。

第三，有少量论文不符合汉语国际教育专业硕士学位论文的选题要求。

从前文表格中可以看到，在376篇论文中，有5篇论文因为不符合"紧密结合汉语国际教育实践进行选题"的要求而归入"其他"类。这5篇论文分别是《休闲的符号学研究》《"国语"与"方言"》《从虚拟空间到现实空间：中国当代网络节庆文化研究》《财经微博用户的"使用与满足"研究》和《敦煌佛教歌辞研究》。

根据分析，川大汉硕专业学位论文有以上三个特点，其中后两个特点也是川大汉硕学位论文存在的问题。

三、对进一步提高汉语国际教育专业硕士学位论文选题质量的建议

从所调查的论文来看，川大近五年的汉语国际教育专业硕士学位论文选题具有实践性强的特点，但也反映出一些问题。为了进一步提高以后的汉硕论文选题质量，在明确汉硕培养目标的基础上，以下几个方面应当加强。

（一）拓宽选题视野，形成多样化选题格局

汉语国际教育硕士专业学位以"培养具有熟练的汉语作为第二语言教学技能和良好的文化传播技能、跨文化交际能力，适应国际推广工作，胜任多种教学任务的高层次、应用型、复合型、国际化专门人才"为目标，学位论文写作是培养学生、检验学生学习效果的重要一环，汉硕培养目标应该反映在专业学位论文中。但是，所调查论文的选题主要集中于汉语作为第二语言教学领域，而对中华文化传播、跨文化交际、汉语师资等领域的研究较少。这说明论文作者的研究视野比较狭窄，对本学科的研究领域认识不足，对本学科的前沿问题、热点问题关注不够。因此，汉硕研究生在学习过程中首先要搞清楚本专业的研究领域，同时导师也要引导学生关注本专业的前沿问题和热点问题，形成汉语作为第二语言教学、汉语习得、文化与交际和汉语师资研究等多样化的选题格局。

（二）依据《汉语国际教育专业硕士学位论文撰写指导意见》指导论文选题

《汉语国际教育硕士专业学位研究生指导性培养方案》（2007）和《全日制汉语国际教育硕士专业学位研究生指导性培养方案》（2009）对汉硕学位论文的基本要求是"与汉语国际教育或推广紧密结合"，国家汉办又曾于2011年下发《汉语国际教育硕士学位论文撰写指导意见》，汉硕导师应将两个指导性方案中提到的培养目标贯穿于指导学生论文选题和写作的整个过程中，根据以上方案和指导意见，把好学生的论文选题关，指导学生的论文写作，避免出现不符合专业培养目标的论文选题的情况。

（三）制定专门的汉语国际教育专业硕士学位论文评阅表，引导论文评阅专家对论文选题的实践性和应用性进行把关

专业硕士的培养目标与学术硕士的培养目标不同，因此其论文评阅表理应与学术硕士论文的评阅表有所不同。但是，川大的汉语国际教育专业硕士学位论文使用的是与学术硕士学位论文相同的评阅表。在这种情况下，论文评阅专家往往按照学术硕士论文的评价标准去评价汉语国际教育专业硕士的论文，不会特别留意所评阅论文的选题是否体现了专业培养要求的"实践性"和"应用性"。我们建议，根据汉语国际教育专业硕士学位论文的实践性和应用性要求，制定专门的论文评阅表，以引导论文评阅专家准确评价学生的学位论文。选题评分项可以包含"是否基于汉语国际教育理论与实践的基本问题""是否关注学科建设的关键问题和前沿问题""是否具有较大的汉语国际教育的实用价值或理论意义"等评分标准。还应设立"成果效益"评分项，评分标准可以包括"研究成果是否创造了较大的社会效益"和"是否具有相当的潜在应用价值"等项目。

四、结语

学位论文写作是研究生培养的重要组成部分，而"选题决定了论文的研

究对象，是一篇论文是否有研究意义和研究价值的首要因素"（亓海峰，2015）。通过对川大近五年汉语国际教育硕士学位论文选题的调查分析，我们看到，绝大多数论文符合专业选题要求，但也有个别论文超越了本专业的选题领域。而在符合专业选题要求的论文中，呈现出选题领域分布失衡的情况，比如，选题多集中于汉语教学法、汉语要素教学、汉语教学资源和汉语习得，而其他领域的选题不多。在此基础上，我们提出了在明确汉硕培养目标的前提下，拓宽选题视野，形成多样化选题格局，依据"汉语国际教育专业硕士学位论文撰写指导意见"指导论文选题和制定专门的汉语国际教育专业硕士学位论文评阅表，引导论文评阅专家把关论文选题的实践性和应用性等建议，希望有助于进一步提高川大汉语国际教育专业硕士学位论文的选题质量。

引用文献

学位管理与研究生教育司. 关于转发《汉语国际教育硕士专业学位研究生指导性培养方案》的通知：学位办〔2007〕77号［A/OL］. （2007-12-10）［2022-09-10］. http://www.moe.gov.cn/srcsite/A22/moe_826/200712/t20071210_82702.html.

中国研究生招生信息网. 全日制汉语国际教育硕士专业学位研究生指导性培养方案［EB/OL］. （2009-05-20）［2022-09-10］. https://yz.chsi.com.cn/kyzx/zyss/200905/20090520/94575811.html.

卢跃红，钱金栿，陈艳兰，徐立，杨志华. 研究生培养质量问题及对策思考［J］. 大理学院学报，2013（7）：86-89.

亓海峰. 汉语国际教育专业硕士学位论文选题和研究方法调查分析［J］. 云南师范大学学报（对外汉语教学与研究版），2015（1）：87-92.

作者简介

杜晓莉，四川大学文学与新闻学院副教授，研究兴趣为汉语史、语言接触和汉语作为第二语言教学。

汉语国际教育硕士学位论文语篇结束标记的使用情况调查

张映琼　杜晓莉

提　要　语篇结束标记在写作中具有标记语篇结束的功能。本文以汉语国际教育硕士学位论文中的语篇结束标记为研究对象，通过对比专业刊物上的学术论文中的语篇结束标记的使用情况，分析归纳汉语国际教育硕士学位论文中语篇结束标记使用存在的问题，从而提出针对汉语国际教育硕士学位论文写作的指导建议，为提高汉语国际教育硕士学位论文水平和质量提供对策。

关键词　汉语国际教育　学位论文　语篇结束标记

随着我国综合实力的增强和国际地位的提升，全球"汉语热"不断升温。面对巨大的师资需求，2007年我国开始设立汉语国际教育硕士专业学位，至今已有149所高校开设了汉语国际教育硕士点。根据汉硕培养方案，学位论文是汉语国际教育专业培养的重要环节。笔者选取了10篇汉语国际教育硕士学位论文，通过对比在《语言教学与研究》和《世界汉语教学》两本专业刊物上抽取的10篇学术论文中的语篇结束标记使用情况，分析归纳汉语国际教育硕士学位论文中语篇结束标记的使用存在的问题，从而提出针对汉语国际教育硕士学位论文写作的指导建议，为提高汉语国际教育硕士学位论文水平和质量提供对策。

一、语篇结束标记概述

（一）语篇结束标记的功能

学界对于"语篇"的定义不一（胡壮麟，1994），本文的"语篇"是指大于一个句子的段落。

关于语篇结束标记的功能，从语义上来看，语篇行文到了一定地方，一层意思已经阐述完毕，为了语义的连贯，结束标记的出现是有必要的。从语用上来看，人们在阅读文章、处理信息时，会受到短时记忆的制约，心理学家的有关研究表明，人的短时记忆是非常有限的，记忆广度为7±2个组块。而如果语篇有结束标记，预示句子将要结束，那么大脑处理起来就会方便和省力得多。此外，从句子之间的逻辑联系来看，在阐述完一个论题结构或逻辑结构之后，结束标记的出现可以起到使语篇逻辑联系紧密的效果。

（二）语篇结束标记的类型

根据廖秋忠先生（1986）的分类，语篇连接成分可以分为"序列时间""先后时间"和"逻辑关系"3大类。我们在统计时看到，"序列时间"和"先后时间"极少作为学术论文的语篇结束标记出现，而"逻辑关系"的17小类中有14类是经常出现的，分别是罗列、加合、阐明、总结、释因、纪效、推论、比较、转折、实情、让步、对立、对比、转题等，本文所统计的语篇结束标记主要就是这14类。

二、汉语国际教育硕士学位论文与学术论文语篇结束标记使用情况对比分析

（一）调查样本

笔者选取了四川大学汉语国际教育专业近五年的10篇硕士学位论文，排除摘要、参考文献和附录，同时还排除了研究现状或研究综述，因为研究现状和研究综述往往涉及相关文献中的原文叙述，不能很好地体现作者自己的写作能力，而后在每篇论文中选取50段作为最终统计样本。在选取段落时，兼顾了章节的完整性，尽可能地在整章中进行段落选取。

用于对比参照的学术论文则选自《语言教学与研究》和《世界汉语教

学》两本刊物上近五年的文章，每本刊物在每一年各选取一篇与汉语国际教育密切相关的文章，五年共计 10 篇。

（二）统计结果

经过统计，所选取的学术论文和学位论文中语篇结束标记使用情况如表 1 至表 6 所示。

表 1 罗列类和加合类语篇结束标记使用频次

类型		罗列	加合									
			并列			递进			附加			
词语		最后	同时	另一方面	与此同时	与之对应	而且	甚至	进而	再者	进一步（地）	此外	另外	还有	另
作为语篇结束标记的出现次数	学术论文	4	5	0	1	0	2	0	0	1	3	10	6	0	2
	学位论文	9	7	2	1	0	3	2	0	0	0	5	3	0	0

表 2 阐明类和释因类语篇结束标记使用频次

类型		阐明									释因	
		举例				换言						
词语		例如	比如	举例来说	譬如	也就是说	这就是说	换言之	易言之	换句话说	或者	即是说	由于	因为
作为语篇结束标记的出现次数	学术论文	4	3	0	0	4	0	0	0	0	0	0	9	4
	学位论文	3	4	0	0	1	0	0	0	0	0	0	3	0

表3 总结类语篇结束标记使用频次

类型		总结														
词语		总之	综上所述	一句话	简言之	总的来说	总的来讲	总的看来（总的来看）	简而言之	综上言之	质言之	概言之	要之	从整体上来说	在这个意义上	整体而言	这就是	总体来看	总而言之
作为语篇结束标记的出现次数	学术论文	1	1	0	0	0	0	0	0	0	0	0	0	0	0	0	0	1	4
	学位论文	0	1	0	0	0	0	1	0	0	0	0	0	0	0	1	0	0	0

表4 纪效类语篇结束标记使用频次

类型		纪效												
		结果	原因						条件					目的	
词语		最终	因此	所以	于是	因而	从而	故	因之	那么	无论	无论如何	不论	不管	则	为此	为了
作为语篇结束标记的出现次数	学术论文	0	9	1	0	1	0	0	0	1	2	0	0	0	3	2	5
	学位论文	0	28	7	0	1	1	0	0	0	0	0	0	0	1	4	0	3

表5 推论类语篇结束标记使用频次

类型		推论								
词语		由此	可见	（很）显然	由此可见	看来	（很）明显	基于（此）	鉴于此	从此	据此	由此可知
作为语篇结束标记的出现次数	学术论文	0	2	3	3	0	1	2	0	0	3	0
	学位论文	0	8	0	13	0	1	3	0	0	0	0

表6 比较类、转折类和实情类语篇结束标记使用频次

类型		比较	转折							实情		
词语		同样（地）	而	但	但是	尽管	然而	虽然	不过	可是	事实上	其实	实际上
作为语篇结束标记的出现次数	学术论文	0	10	2	4	2	0	1	1	0	2	0	1
	学位论文	0	9	2	6	0	2	0	0	0	0	0	0

（三）学术论文与学位论文语篇结束标记使用情况对比分析

前面的调查数据显示，学术论文和学位论文中举例类和比较类的语篇结束标记使用频次一样，阐明类、转折类和实情类的语篇结束标记使用频次比较接近，本文将重点分析频次差距较大的几类。

学位论文和学术论文中语篇结束标记使用频次差距较大的有以下几类：

表7 使用频次差距较大的语篇结束标记类型

类型	学术论文（次）	学位论文（次）
罗列	4	9
加合－附加	18	8
释因	13	3
总结	7	3
纪效	24	45
推论	14	25

如表7所示，与学术论文相比，汉语国际教育硕士学位论文中罗列类、纪效类、推论类的语篇结束标记使用频次较高，而加合－附加类、释因类、总结类的语篇结束标记使用频次较低。

三、汉语国际教育硕士学位论文使用语篇结束标记存在的问题

我们选择的《语言教学与研究》和《世界汉语教学》两本学术期刊都是汉语教学研究界的权威期刊，发表在上面的学术论文都是经过专家严格审查的，可以视为语言教学和语言习得研究的典范性学术论文。经与本文选择的典范性学术论文的对比分析之后发现，我们分析的学位论文对语篇结束标记的使用存在以下问题。

首先，部分文章因过多地使用某个语篇结束标记而显得用词单一，语篇布局能力和使用语篇衔接手段的能力不足。例如，通过与本文选择的典范性学术论文的对比，我们发现学位论文中推论类语篇结束标记使用频次较多，通过仔细阅读学位论文中推论类语篇结束标记的上下文，我们发现在《俄罗斯远东联邦大学孔子学院汉语教学现状分析》中选取的 50 个段落，语篇结束标记"由此可见"使用次数高达 13 次。笔者认为这种情况主要是由作者个人的使用习惯和选择偏好造成的。

其次，通过与本文选择的典范性学术论文的对比，总结类语篇结束标记使用频次较少。通过仔细阅读所分析的学位论文，我们发现是部分文章由于应该使用语篇结束标记而没有使用所致。比如下面这一个段落：

具体来说，教学组织是教师对参与教学的师生在时间和空间上的组织和管理，它包括教师对教学规模的选择，……另外，它还包括教师对上述不同组织形式如何进行整合，如何安排先后顺序等。教学组织是课堂教学一个重要环节，如何根据泰国中学生的学习特点采用多样化的教学组织形式，也是广大赴泰汉语教师志愿者需要重视的一个问题。[1]

上面这个段落（包括省略部分）共有 287 字，篇幅较大，但是没有使用语篇结束标记。笔者认为，无论是从方便读者阅读的角度，还是从逻辑连接的角度，上面这个段落都应该在最后一句话的句首加上语篇结束标记词"总之"。

---

[1] 钟节节：《赴泰汉语教师志愿者中学汉语情感教学策略运用研究》，四川大学硕士学位论文，2016 年。

最后，部分文章对语篇结束标记词语的选用并不恰当，虽不至于意义不明，但是会影响文章的逻辑和读者的阅读体验，例如：

……在这一单元的专题介绍中，为了消除、修正学生的刻板印象，笔者将和学生一起通过画美食地图的方式展现中国的饮食文化……此外，为了和课程内容前后照应，教学内容中还可以增加中国的"用餐礼仪"，并试着在上课时和学生探讨"小费文化"，以体现中国丰富的饮食文化，也为专项活动做铺垫。最后，可以要求学生制作塞尔维亚的美食地图，并在课上使用所学的句型和词汇介绍自己的美食地图，比如"他们吃鱼肉""他们不喝酒"。[1]

笔者认为，此段的"最后，可以要求……'他们不喝酒'"应该与"此外……做铺垫"互换位置，并且将"最后"改为"再者"，把"此外"改为"最后"更加恰当。首先，根据文章内容，结合教学实际情况，"最后，可以要求……'他们不喝酒'"这一句话所讲的是教学中相对更为重要的部分，所以放在前面更合适。其次，"此外"是附加类的连接成分，放于第二项、在"最后"前面不恰当。最后，在两句话互换位置之后，将"最后"改为"再者"，把"此外"改为"最后"，行文逻辑会更加顺畅。

四、对汉语国际教育硕士学位论文使用语篇结束标记的建议

针对以上分析发现的问题，我们认为汉语国际教育硕士学位论文在语篇表达上，尤其是在使用语篇结束标记时要注意下面几点。

首先，要树立使用语篇结束标记的意识。本该使用语篇结束标记而未使用，往往是由于缺乏使用语篇结束标记的意识而导致的。如果使用了语篇结束标记，一方面可以使语篇的逻辑显得更加清楚，另一方面也便于读者处理语篇信息。在处理句子时，如果有一个标志来预示句子将要结束，大脑处理句子信息时就要省力得多（马丽萍、罗天华等，2007）。学位论文都要经过

---

[1] 周雨虹：《塞尔维亚汉语传播中的"中国形象"调查与教学实验》，四川大学硕士学位论文，2021年。

专家评审这一道程序，专家在论文评审季往往要评阅数篇论文，如果每篇学位论文都有明确的语篇结束标记，专家就可以迅速了解论文传递的信息。否则，专家可能会因为不能快速找到作者想表达的意思而降低对论文的评价等级。可以说，不使用语篇结束标记于人于己都不利。所以，对作者而言，树立使用语篇结束标记意识是很有必要的。

其次，在使用语篇结束标记的时候，一是要尽量有意识地提醒自己丰富用词，不要过于单一。二是要准确使用语篇结束标记，具体说来有以下三点：第一，要注意意义上的衔接与连贯，因此，语篇结束标记的使用必须适合语篇的上下文语境，即在内部结构上必须是连贯的，在内容上必须是前后照应的；第二，要注意语用上的连贯，作者通过使用恰当的语篇结束标记，可以使读者借助这些连接成分来更好地对文章进行推断和理解；第三，要注意逻辑顺畅、紧密，恰当使用语篇结束标记不仅可以使文章脉络更加清晰，而且可以使文章结构更加顺畅和自然。

五、结语

本文通过对比汉语国际教育硕士学位论文和领域内相关学术论文中语篇结束标记使用的情况，发现汉语国际教育硕士学位论文撰写者在使用语篇结束标记时存在过多使用某个语篇结束标记、语篇结束标记使用不当和该使用而未使用等问题。由此，我们首先提出了树立使用语篇结束标记意识的建议，进而提出在使用语篇结束标记的时候，一要尽量有意识地提醒自己丰富用词，二要准确使用语篇结束标记。至于语篇结束标记的准确与否，要看语义和语用上是否衔接和连贯，逻辑上是否顺畅和紧密。

引用文献

胡壮麟. 语篇的衔接与连贯［M］. 上海：上海外语教育出版社，1994.

廖秋忠. 现代汉语篇章中的连接成分［J］. 中国语文，1986（6）：413.

马丽萍，罗天华. 学术论文的语篇结束标记——语篇分析和语法学的一个接口［J］. 毕节学院学报（综合版），2007（6）：14-18.

作者简介

张映琼，四川大学文学与新闻学院汉语国际教育专业硕士研究生，研究兴趣为篇章语言学、跨文化交际。

杜晓莉，四川大学文学与新闻学院副教授，研究兴趣为汉语史、语言接触和汉语作为第二语言教学。

关于构建国际汉语教师职业培训体系的思考

朱 姝

提 要 专业的国际汉语教师,不是传统意义上的"教育者"或"教化者",而更接近一个"培训师"。因此,在国际汉语教师的成长过程中,尤其是在汉语国际教育专业学位研究生的培养中,应该对职业能力给予更多关注,以有效促进汉语国际教育事业的发展。或许我们可以着手思考建立一套新的培训制度,以提升汉语教师的职业能力。工商界已经颇有经验和心得的职业培训师发展系统,或许可以为我们提供有效借鉴。

关键词 国际汉语教师 培训师 汉语国际教育

随着中国国际地位的显著提升,"汉语热"正成为席卷世界的新潮流。面对国际市场的大量需求以及国内对国际汉语师资的培养要求,能否持续培养和输出符合标准的国际汉语教师,使其既满足市场需求,又能成为合格的中华文化传播者,已经成为检验国际汉语师资培养成败的标杆。2012年年底,国家汉办/孔子学院总部(现改名为教育部中外语言交流合作中心)发布了《国际汉语教师标准》(2012版),这一标准是进行中外汉语教师选拔和培训、国际汉语教师资格认证、汉语国际教育专业学位研究生培养等工作的依据。此项标准由"汉语教学基础""汉语教学方法""教学组织与课堂管理""中华文化与跨文化交际"和"职业道德与专业发展"等五部分组成,构建了国际汉语教师的知识、能力和素质的基本框架,形成了较为完整、科学的教师标准体系。有了这一标准的指导,我们在学历教育的培养目标、课程设置、教学方式等方面就有了进一步改革的依据,尤其是对立足实践的汉语国际教育专业学位研究生的培养,有了更为明确的目的。

那么,乐观地看,在《国际汉语教师标准》(2012版)的指导下,我们的学生在学历教育阶段接受了相对完整、系统和有效的教育,并且有可能在他们的实习过程中积累了一些可贵的经验,再经过必要的学术能力考核之后，学生毕业，我们随即完成了对国际汉语教师的培养和教育。这些毕业生就成了合格的汉语国际教师了吗？更重要的是，他们如何在其有可能持续一生的国际汉语教学事业中始终保持这样的水准并不断进步？仅仅依靠教师的个人努力显然是不够的，因为有太多不确定的因素会影响结果。那么，要让这一群体始终成为合格的中华文化传播者，在"专业发展"上确实需要制度性的保障。

企业员工的培训理论（Training Theory）早期主要研究的是企业应采取何种培训方式才能有效地提高生产效率的问题。科学管理之父泰勒在1911年的《科学管理原理》一书中把"培训与选拔"作为管理的基本原理之一。此后，许多学者相继提出了一些有关理论，如美国管理学家汤姆·戈特（1998）提出了成人学习的6条原理，他认为："培训的职能是促进学习。它通过精心的安排来帮助个人发现、确认并获得某些重要能力，以使他们更好地完成本职工作。"克里斯汉·泰姆尼（1998）认为："广义上，培训可以理解为人才资源开发的中心环节。狭义上讲，培训即为提高人们实际工作能力而实施的有组织、有计划的介入行为。培训即帮助人们学习。"从20世纪60年代开始，一些学者开始将培训作为一个系统，研究内容涉及培训的需求分析、培训的模式、培训的方法、培训计划的制定、培训结果的评估等各个方面，主要包括培训需求分析理论、培训模式理论、培训效果评估理论等。这些理论都具有相当的实践性，目前，在现代企业制度的建设中，培训已经作为一个相对独立而又和其他系统相互联系的部分，融入了整个企业的管理制度，成为规范的现代企业制度中不可或缺的一部分。

当我们把国际汉语教师的职业发展和企业培训体系联系在一起来思考，就会从中体会到一些新意。在工商企业界已经成熟的培训体系作为制度稳定地存在，本身已经说明了培训对企业发展的有效促进作用，而这一制度的重要实践者是培训师能够独立完成某一培训任务的方案设计、人员组织与活动实施的专门（专业）人员。培训师是培训活动的主导，所有的培训活动都是在培训师的组织下展开的。过硬的专业技能、良好的授课技巧等是成为培训师的重要基础。我们注意到，国际汉语教师所肩负的特殊使命和普通的中小学教师、高校教师都不同，严格地说，不论是在国外还是在国内任教，国际汉语教师的角色都不是传统意义上的"教育者"或"教化者"，而更接近一个"培训师"。从发现需求到课程开发、课程实施、课程评估等一系列环节，组成了一个完整的"项目",这就意味着,汉语国际教师除了必须具备一些传统"教师"角色要求的素质,还必须具备职业"培训师"的素质,这些素质包括依靠个人魅力而非机构强力与学习者迅速建立良好合作关系的亲和力、依靠有效的授课技巧让学习者产生持续学习动力的感召力和依靠有效的教学设计和课堂组织尽量满足多种类型学习者需求的适应力等,这些素质在传统的教育领域也是必需的,但重要性和对教师本人个人素质要求的迫切性,绝对不及国际汉语教师。

因此,建立长期有效的国际汉语教师培训进修机制是必要的制度保障,借鉴有效的培训师理论来帮助国际汉语教师的职业发展,是可以进一步去探索的国际汉语师资职业培训道路。TTT（Training the Trainer to Train）课程是目前企业培养企业培训师采用最多的培训方式,这一课程中许多模块都与我们的帮助国际汉语教师专业发展的职业培训相通。一般来说,TTT课程包括这样几个方面:培训师的身份认同、培训师的理论和实战工具、培训师的课程开发技能、培训师的课堂管理技巧、培训师的课后评估技能、培训师的自我发展。上述内容与《国际汉语教师标准》（2012版）所提的五个部分（即"汉语教学基础""汉语教学方法""教学组织与课堂管理""中华文化与跨文化交际"和"职业道德与专业发展"）有很大的相通之处,其中"汉语教学方法""教学组织与课堂管理"涉及课程开发、课堂管理技巧、课后评估技能,"职业道德与专业发展"恰好对应培训师的自我发展部分,而"中华文化与跨文化交际"这一板块则分别属于知识积累和能力发展两个方面。也就是说,除"汉语教学基础"这一部分主要需要汉语本体知识的积累和运用,其他的部分都与培训师的相关内容紧密相连。

当我们跳出传统的"教师培养"这一概念,注意到"培训师"这一领域的时候,我们汉语国际教师的角色定位和职业特点在实际上就展示得更加明确了。我国高等教育中的师范教育,主要以培养学前和中小学教师为主,这些教师面对的主要是未成年人;而传统的大学教师培训又没有形成一套行之有效的培训体系,因而,目前的高校教师基本都是"修行靠个人"。高校教师一般具有较高的专业理论修养,在教学理论和教学实践上,由于没有在职培训体系作为依托和保障,其教学常常"个性化"十足。我们可以这样说,用培养师范生的方法是没办法培养出合格的具有跨文化交际能力的中华文化传播者的。如果国际汉语教师模仿目前高校教师的教学模式进行汉语教学,偶尔的一两次讲座还可以应付，但要成为规范有序的国际汉语教学系列课程的实施者，几乎是不可能的。

所以，国际汉语教师的培养没有既定的道路可以模仿，其职业成长和发展几乎是一片空白。要从头抓起，难免一头雾水，借鉴其他领域已有经验，不失为一种有效的参考。综合企业培训制度的建立和维护、企业培训师的培训及职业发展等相关领域的成果，我们提出如下建议。

一、创建从学历教育到职业教育的贯通式培训制度

在汉语国际教育体系中创建一套贯穿学历教育和职业教育的培训体系，既能服务在职教师，也能惠及优秀学生。在现代企业制度中，很多时候培训是作为福利的表现形式出现的。在国际汉语教师管理中也可以把进修培训等活动作为激励机制，并为汉语教师提供时间、资金等方面的支持，让汉语教师感受到能够参加在职培训是一种荣耀，从而促进其自身能力的增长。一方面，有实践经验的汉语教师是参与培训的主体；另一方面，汉语国际教育专业的优秀硕士生也可以参与其中。这样做能最大限度地发挥这一培训体系的优势，在惠及在职教师的同时，也惠及汉语国际教育专业的优秀学生。

笔者认为，这一制度的建立和维护最好由教育部中外语言交流合作中心牵头，各高校和孔子学院提供具体的支持和服务。这样，在国际汉语教师的总体发展上，制度设计可以站得更高，能够与国家战略更好地结合。落实在汉语国际教育专业硕士的培养上，这一制度就是学生"福利"，可以为优秀学生提供帮助。

有了合理的顶层设计，接下来就需要汉语国际教育专业硕士的各培养高校，在顶层设计的指导下，结合自身特色，构建既有个性又符合全系统质量要求的培训课程体系，与现有的学历教育体系形成互补，一方面向优秀学生开放，一方面与优秀实践基地联手，让汉语国际教育专业的优秀研究生提前获得职业技能和职业体验，也可为汉语国际教育实践基地输送优秀师资。

二、培训课程的设计实施应兼顾系统性和开放性

由于这一制度服务的对象是在职国际汉语教师和汉语国际教育专业的优

秀学生，所以课程设计一定不能等同于传统学历教育，否则将失去存在的意义。

根据工商界的成熟经验，如果我们确实把国际汉语教师当成培训师来看待，那我们提供的培训就必须是符合培训要求的立足实践的课程。企业培训中常常用到的体验式教学、案例教学、头脑风暴、游戏和活动等，应该大量地进入我们的培训课程，同时，汉语本体研究、二语习得理论、社会文化环境、语言教学原理这些主要的知识性理论基础，应该是贯穿培训课程体系始终的，因为这是汉语教学区别于其他科目教学的本质属性。但是，针对这些基础理论不需要在培训课程体系中单独设课，因为这是汉语教师在学历教育体系中就已经获得的知识性积累，最多是在基本课程框架之外安排一些相关讲座或者研讨作为补充。这样的课程体系保证了职业培训的实用性和针对性。

同时，这一制度还为不同资历的汉语国际教师提供了难得的专业交流机会。在学员群体中，既有任教于不同文化圈的教师，也有处于不同职业成长阶段的教师。因此，培训方在课程的组织和安排上也可兼顾开放性，甚至可以考虑让某些学员承担某些科目的培训工作，这样可以最大限度地利用资源，提高培训的实效。

三、建立健全有效的反馈机制

长期以来，让汉语教师对培训不太感兴趣的一个重要原因是，一些培训名为"培训"，实则是"教导"。即便是组织者用意良好的课程设计和课程实施，因为缺乏反馈，最终仍给人留下了"教导"的印象。有效的反馈本来是课程实施和维护的重要环节，所以，为了能够给国际汉语教师提供更有帮助的培训，我们自身的课程建设也不能缺少有效反馈这个环节。

反馈是围绕多层次展开的，从每一节课、每一个单元，到一门课、一个培训系统，一个也不能少；反馈也是从多角度展开的，从培训师的自评、专家团队评议到学员反馈，一个也不能缺，尤其是学员反馈，它是下次培训或者下个阶段的培训进行调整补充的重要依据。参加培训的学员是成长中的国际汉语教师，他们既是我们的学员，也是我们的同行。这样的反馈不仅做到了以学员为中心，反馈的质量也是很有保证的。为了保证反馈的有效性，收集反馈的方式也可借鉴企业培训中业已成熟的评估方式，如进行问卷调查、同行观察记录、邮件调查等。

事实上，我们必须承认，如果局限于本校师资培训教师，很容易就把培训做成学历教育的克隆版本。因此，高校完全可以在培训实施中积极发挥核心和引领作用，不仅使用本校优质资源，也充分考虑培训需求，开门做培训，邀请其他高校、其他培训机构和世界范围内的优秀汉语教师来进行培训师资，打造不同于传统学历教育的课程体系，体现职业培训的特性。

把汉语国际教育作为一门独立的学科来研究只有几十年的历史，还有很多空间等待我们去开拓。国际国内对汉语教师的大量需求，要求我们在国际汉语师资的培养、培训上尽快形成有效的制度保障。借鉴相关学科、相关领域的已有成果，或许是一条可以尝试的道路。正如张和生教授所说："要制订有针对性的、个性化的、同时又切实可行的培训方案，我们有很多研究工作要做。中国是汉语的故乡，是把汉语作为第二语言教学的大本营。满足全世界汉语教师培训的需求，我们任重而道远。"

引用文献

弗雷德里克·温斯洛·泰勒. 科学管理原理（导读注释版）[M]. 上海：上海译文出版社，2019.

刘永中，金才兵. 培训培训师：TTT全案[M]. 广州：南方日报出版社，2006.

刘骏. 国际汉语教师：存在的问题与培训模式创新[J]. 语言战略研究，2018（6）：32—41.

汤姆·W. 戈特. 培训人才八步法[M]. 郭宇峰，郭镜明，译. 上海：上海人民出版社，1998.

克里斯汉·泰姆尼. 培训培训者[M]. 北京：经济管理出版社，1998.

张和生. 对外汉语教师素质与培训研究的回顾与展望[J]. 北京师范大学学报（社会科学版），2006（3）.

作者简介

朱姝，四川大学文学与新闻学院副教授。

学科发展

后疫情时代汉语国际教育专业人才培养的改革措施
——以线上汉语教学的互动优化策略为例

邓佳欣

摘 要 后疫情时代，线上汉语教学或将作为独立的教学样态呈现。这一教学生态的变革将使汉语国际教育面临新的机遇与挑战，同时也对汉语国际教育专业人才培养提出了新的要求。本文着重探讨了线上教学在教学平台、教师、教学对象三方面的优化策略，强调应在夯实汉语教师基本素养的前提下，着重提升汉语教师信息素养，通过整合新技术与语言知识，增强线上互动的实操性、情境性与游戏性，实现有效互动，优化教学效果，逐步适应全球汉语教学智能化的时代要求。

关键词 后疫情时代 汉语国际教育专业人才培养 线上汉语教学 互动优化策略

一、引言

随着"互联网+"的发展，线上教学作为国际汉语教学的新常态已是学界共识（郝美玲，2020；张旺熹，2020；赵杨，2020；张黎，2020；曹秀玲，2020），更有学者预测，未来线上汉语教学还可能进一步独立，成为与线下教学并行的教育方式（李先银，2020）。无论最终形成"线上—线下"混合教学抑或是线上、线下独立教学，都无法阻挡线上汉语教学的发展态势。

但就线上汉语教学的效果而言，学界评价不一。一种观点认为线上教学是一种以虚拟性思维为主导的离身性交互活动，缺乏人与人、人与环境间切实可感的互动，缺失优质因子（教师与优生、优生与优生）间的互相激励与启发，很难通过表情、言语等即时交流信息达到线下面对面教学时的互动效果（刘乐宁，2020；赵杨，2020；宋晖、白乐桑，2020）。另一种观点认为线上线下教学效果无显著差异，线上、线下教学是两种各有特点的教学和学习方式，各有所长所短，各有不可替代性（李泉，2020；苏英霞，2020；温晓虹，2020）。可以明显看出，争议的焦点在于线上教学能否突破身体限制进行有效互动，完成语言教学的交际目标。线上教学最大的困境在于课堂互动受限，线上互动成为制约线上教学效率的瓶颈。只有提高互动能力，才能实现最佳教学效果（巴丹等，2021）。可见，线上教学应将互动作为教学设计中的关键环节。如何设计课堂互动，提升线上教学水平，是当前汉语国际教育人才培养面临的一大难题。

对此，我们认为教学的内容与形式始终是统一的，线上互动应把握其中的变势与定势，从内外部环境出发，以真实有效的互动设计适应学习者的需求，创造语言学习的多模态感知环境，从而优化教学效果，达成教学目标。

二、线上汉语教学互动的变势与定势

（一）线上汉语教学互动之变势

受疫情影响，部分线下中文教学被迫调整为线上形式。许多教师由于仓促应战，缺乏经验，外加技术平台繁多、资源渠道多元、教学标准不一等原因，在线中文教学初期实质停留在照搬线下教学的阶段（张鹏，2020）。因此，线上汉语教学被贴上"缺乏有'温度'的表达""学生参与度低""教师监控乏力"等负面标签。人们之所以对线上汉语教学产生这些不良印象，是因为未能正确审视线上汉语教学互动之变势。这些变化主要体现在教学内外部环境变化两方面。从教学内部环境来说，人工智能技术介入，教学工具得以革新；从教学外部环境来说，中国经济逐步崛起，教学对象也随之改变。

1. 教学工具之变

人工智能技术为线上互动提供了多元平台，腾讯课堂、腾讯会议、ZOOM、瞩目、雨课堂、微信小程序等线上应用如雨后春笋般涌现，为线上教学开设聊天室、表情包、弹幕、点赞、抢红包等共享、便捷、多元的互动功能，并添加了权限设置等互动管控功能。这是传统课堂无可比拟的优势。传统的立体教学环境被消解，新型立体教学环境得以建构。此外，传统的师生二元互动模式也得以重构，转向教师、人工智能技术以及学生三位一体的互动模式，并重新建立起一种双向、多向和网状的互动关系。其中，教师的教学组织、知识传授、课堂管理等部分功能被削弱；人工智能技术辐射教师功能，能够独立或者辅助教师与学生进行互动，形成"人机共教"的场景；以学生为中心的教学理念持续巩固，学生拥有了更多的自主权和选择权（郑东晓、杜敏，2021）。可以看出，在线上汉语教学互动中，教学工具之变的本质是教师技能之变，即线上教学法之变。

2. 教学对象之变

首先，是教学对象低龄化。教学对象无时无刻不在变化之中，这里所指的变化主要就教学对象的年龄而言。随着中国综合国力的提升，海外汉语学习者呈现出低龄化的新趋势（李宇明，2018）。同以往的成人教学为主的阶段相比，汉语国际教育处于变革阶段。海外儿童与少年的汉语教学与成人教学有着诸多不同，线上互动也需要做出相应的调整。李宇明（2018）指出少年儿童的学习动力主要是兴趣，语言学习方式主要是习得。除此之外，海外汉语学习的一个重要特点恰巧就是缺乏汉语环境。如何利用海外的华人语言社区、网络和计算机来进行语言环境补偿，教师如何营造"虚拟语言生活"来帮助学生"习得"语言，都是开展线上汉语教学要着重考虑的因素。同时，由于华裔儿童间、华裔儿童与英美儿童间的语言环境存在着不同程度的差异，教师还应关注教学媒介语、口语交际、纠音正音、汉字书写、文化背景等方面的互动变量。正如李宇明（2020）所言，汉语正在进入基础外语阶段，当前的主要任务是要有明确的国别意识和国别发展方向，要为汉语将来承担"重要外语"这一新角色做准备，这也是汉语国际教育的发展方向。

其次，是教学对象大众化。随着中国综合国力的增强，教学对象还呈现出大众化的趋势，汉语教学逐渐社会化和普及化，改变了海外以中文系、汉学系等少数专业群体为主的精英化汉语教学的传统格局（李泉、陈天琦，2020；巴丹等，2021）。目前，汉语教学的对象比较多元，既有学历生，又有非学历生；既有少儿，又有成人。这些教学对象学习汉语的动机也比较多元，有的是因为个人兴趣，有的是出于职业需要。教学对象大众化的趋势并未降低互动教学的标准，相反，由于教学对象的多样性，其互动难度直线上升。我们曾接触过一位华裔成人汉语学习者，其母语为闽南语，拼音和汉字认读能力差，希望在工作之余学习普通话，一周两次口语课，每次 25 分钟。我们认为他汉语交际水平高，便参照国内母语者普通话培训，只进行了声韵调的教学和纠音就即刻进行词语认读教学。这样做忽视了其音义匹配能力不足的问题，导致其因识字困难而信心受挫，几欲放弃。可见，互动是教学的关键，互动既要做到知识的传递，完成语言的操练，要关注学习者的学习水平、学习状态和学习心理，要能将学生吸引得来、留得下并稳得住（李秉霞，2020）。

（二）线上汉语教学互动之定势

1. 互动是教学设计的核心

前文提及，部分学者认为线下教学最大的优势是能进行面对面的师生互动。师生的言语交流、表情捕捉似乎是线上教学无法企及的，实则不然。从实践经验来看，面对面并非互动的充分或必要条件，比如当下部分年轻人在进行面对面交际的时候，会产生"社恐"心理，继而选择沉默，有意地减少互动。同时，互动是否有效，也与是否面对面无关。面对面的误解与冲突也时有发生。线下教学也是如此，内向的学生也会因为"社恐"而不参与师生、生生互动。即使参与互动，也并非一定有效。此外，人们的生活早就产生了非面对面交际。且由于时空限制，人们更青睐于非面对面交际，如语音、视频聊天，以满足自身需求。突如其来的疫情在一定程度上减少了人们的面对面交流，迫使人们进行非面对面交际，如网络会议、网络答辩、网络谈判、直播带货等。这些虚拟交际形式都能实现相应的互动目的，甚至达到优于线下互动的效果。这进一步说明面对面互动并非是必要的。从教学角度看，线上教学也能实现优质互动，不应简单比附于线下教学，更无须追求"最大限度地还原线下课堂"（巴丹等，2021）。另外，从实验数据来看，神经语言学的实验结果表明，交际双方的有效互动依靠人际神经同步（Interpersonal Neural Synchronization，INS）的增强来实现。人际神经同步在非对面、非实时互动条件下也可产生，其原因是双方的脑活动同步性有助于受众预测后续信息，以及产生预测成功时的愉悦感和持续参与感（Jing

Jiang 等，2012；转引自陆俭明等，2020）。可见，互动不以时、地为转移，只要有对话就涉及互动，但互动不一定都是有效的。唯有双方脑活动同步，方可进行有效互动。

就线上、线下教学互动而言，Lisa Hoper 等、Wenda Liu 等（转引自陆俭明等，2020）通过神经语言学实验证明，只有在新知识与学习者的先验知识能建立连接的条件下，面对面教学的师生脑间同步才好于网络在线课程，在无先验知识条件下因无法形成预测，两种教学方式的脑同步性无显著差异。也就是说，人际间脑活动的同步性在不同教育生态下都是可实现的，关键在于能否成功实现知识迁移。而知识迁移的根本原因在于交际双方实现对信息内容和加工过程的预测，及基于预测传递预测成功基础上的愉悦感（冯丽萍，2020）。简而言之，互动的本质并非身体在场，而是思想在场、思想共鸣。这是互动恒久不变的要义。如何使思想在场，是线上、线下优质教学设计的核心。因此，如何在线上生态下实现有效互动，以及如何在思想同步的基础上实现对知识的自然预测与监控，应成为汉语教师在教学设计中的重点。

2. 汉语国际教育的学科目标始终不变

赵杨（2021）曾指出汉语国际教育的学科目标是始终不变的，即学习者掌握汉语技能，具有"汉语生活"能力，增强人文素养，实现个体的全面发展。无论是线上还是线下的汉语教学，对所有汉语学习者来说，都是为了掌握一门语言，并用于交际生活，实现语言的工具目标。同时，对于汉语教师来说，线上教学的目标仍是不变的，语言规律、语言学习规律也是不变的。因此，针对互动环节，教师也可通过合理巧妙的教学设计，以不变应万变，努力提升学习者的语言能力。

三、线上汉语教学互动的优势和劣势

前文谈到，部分学者认为线上教学存在诸多弊端，但未注意到该类情况同样也可能在线下教学中出现，比如互动的真实性、有效性。因此，本文聚焦讨论线上汉语教学互动的优势和劣势。

（一）线上汉语教学互动的优势

1. 互动时空：自主灵活

灵活的时空条件是线上教学的显著优势。对互动环节而言，各国学生不需要聚集在同一个实体空间内，除课上互动，学生还可以选择在相关学习平台评论、跟帖等方式进行课下互动。同时，除了线上网课平台，教师还可以利用直播技术将学生带入实际的语言使用场景，让学生在真实情景中与中国人进行互动，完成特定的交际任务。例如教师可以在博物馆或者景区进行授课，让学生对相关话题进行讨论（邵明明、白乐桑，2021）。

2. 互动方式：协同多元

教师可以通过共享屏幕，与学生在统一操作界面共享学习资源和学习步骤，并同时收到互动结果。比如，教师可在 Twiddla 软件中与学生一起书写汉字，观看所有学生的汉字书写情况，这也是线下教学无法即时实现的。同时，学生在教师授课时，除了言语交流，还可以通过文字、点赞、表情包等多元形式参与互动，表达自身的参与度和即时学习状态，实现师生的双向互动。

3. 互动反馈：个性智能

线上互动最大的优势是能得到个性化、智能化的互动反馈。前文提到，线上教学最大的变化就是人工智能技术的介入。人工智能技术不仅能在互动内容、互动方式等方面提供技术支持，同时在互动反馈过程中还发挥着独特功用。在互动结束后，人工智能技术可以根据互动数据，利用特定算法生成个人专属学习导图，为学生个性化、智能化推送知识信息、练习题等学习资源，帮助学生识记和查漏补缺，进而减少学生重复无效作业的时间（郑东晓、杜敏，2021）。

（二）线上汉语教学互动的劣势

线上教学互动是"教师—人工智能技术—学生"三位一体的互动模式，三者都是其中不可或缺的部分。这也从侧面反映了线上汉语教学互动可能存在的劣势（不足）。我们将人工智能端的不足归结为客观困难，将教师、学生端的不足归结为主观困难，并阐述如下。

1. 客观困难

客观困难即技术条件缺陷。一方面，从外部环境看，许多线上互动可能因为网络信号不佳而中断；另一方面，从内部环境看，现有的线上教学平台多样，但任何一个平台内部都存在不尽如人意的地方。因此，许多线上互动采取同时使用多个平台的方式，弥补单一平台的局限。例如，学生通过Skype上课，在Twiddla写汉字，在Quizlet做习题，在腾讯会议分组练习，等等。同时使用多个平台虽然可以弥补单一平台的缺陷，增加互动效果，但很容易出现平台故障，同时也使学生因疲于切换平台而产生懈怠心理，从而降低互动积极性。

另外，各个平台不同时期的使用权限还处于动态变化之中，比如，瞩目平台以前允许个人端口的屏幕共享，现在则需要付费或者向客服端提交身份证等实名认证信息申请才可使用。这些潜在的平台变量也对教师互动的应急能力提出了更高的要求。

2. 主观困难

一些研究（刘乐宁，2020；吴勇毅，2020；郝美玲，2020）指出，受制于抽象的虚拟环境，线上互动缺乏情境性和直观性。部分教师由于缺乏相应的信息素养，未能及时掌握线上平台的互动操作方法，同时也不太擅长制作有趣、生动的音视频互动课件，仍采用"你问我答、跟读、认读"等传统任务互动方式。这对低年级汉语学习者来说，互动吸引力有所欠缺。同时，线上教学对象更加多元，其母语背景、知识水平、学习动机、社会文化等方面都存在不同程度的差异，这也加大了教师选择互动话题、互动表达等方面的风险。

另外，从学生角度看，部分学生由于性格内向、兴趣不足等情感原因不愿意开摄像头或麦克风，导致交际无法进行或缺乏真实感，以致教师无法得到互动反馈，使课堂互动中断或滞后。因为学习自制力的差异，部分学生由于缺少监督，忽视互动环节，将注意力转向别处。此外，部分学生由于年龄太小，不善于操作线上平台，无法进行互动平台的操作，需要家长陪同，进一步加重家长的负担。

四、线上汉语教学互动的优化策略

根据上文可知,把握汉语国际教育的学科目标,采用合理的教学设计是适应学习者需求、优化教学效果的现行解决方案。怎样进行合理的教学设计呢?线上汉语教学互动的利弊分析为我们提供了突破口。下面,我们拟从人工智能技术、教师、学生三方面出发,提出线上汉语教学互动的优化策略。

(一) 优化国际中文线上教学平台

李先银(2020)曾提出开发和建设国际中文线上平台的观点,设想该平台应当是多功能的集成平台,如多主体连通平台,用于打通教学机构、教师、教辅人员、教师、学习者等主体间的联系,实现角色分工管理;多元内容聚合平台,满足学习者通用、专用汉语学习、文化体验等需求;多模式适应平台,联结线上、线下教学活动。方便快捷地实现多场景切换;多终端智适应平台,允许手机、电脑、平板、智能电视等电子设备使用以及满足多种网络条件的智适应平台。这一设想能解决当前面临的所有客观技术条件问题,倘若能实现,那将是线上汉语教学的福音。但在这种理想平台实现之前,我们的线上汉语教学并不能停摆。我们只能在现有条件下,利用已有的平台,精密合作,进一步优化互动效果。

从现有平台来看,线上汉语教学多采用瞩目、Skype、Zoom、钉钉等。我们发现,ClassIn平台具有丰富、多变、易操作的互动功能、管理功能以及反馈功能,接近李先银(2020)的设想。ClassIn以讲台加黑板的形式呈现,模仿线下教室布局,教师和学生居于讲台前方。教师端下置视频复位、全体静音、下台三个功能。教室可根据教学需要,挪动、缩放学生视频头像,并且可通过视频复位键一键复原。学生端一次可呈现六个视频窗口,教师通过下台功能可以随意切换视频成员,实现分组互动。同时,ClassIn还配有多人互动黑板、多种教学工具(抢答器、答题器、计时器、骰子等)和场景等功能,便于师生互动。例如,抢答环节可以吸引学生的注意力,也可活跃课堂气氛,鼓励性格内向的学生参与其中。此外,教师还可使用答题器进行客观题测验,通过预设正确选项,快速统计学生的答题情况,让课堂更高效。教师还可以利用小黑板进行主观题测验，通过编辑题目将小黑板发给学生，点击提交按钮即可收回。测验时，计时器的使用不仅可以给学生带来紧张感，刺激学生更加积极地参加课堂，还可以提高课堂效率。小黑板还可外接画板，利用画笔、键盘输入，实现师生在黑板上的协同作业。更有趣的是，ClassIn 中还配有骰子，使师生互动环节更具有游戏性。

就管理而言，ClassIn 中设有灵活的奖惩功能，这也是该平台的独特之处。对于回答正确或者表现优异的同学，教师可通过发送奖杯激励学生；对于屡次扰乱课堂秩序的学生，软件内设有暂时移出屏幕、限制音视频互动、控制学生画笔等功能，教师可酌情使用。软件附有一个花名册选项，据此可查看学生的举手、授权、奖励、上下台、静音和位置等状态。既便于学生查看自身的奖惩情况，又利于教师进行高效的课堂管理。同时，ClassIn 还有设备切换功能，可以帮助老师和学生禁用或查找选择错误的音视频设备，解决音视频故障，保证课堂有序开展。课程结束后，系统会自动生成一份课堂数据报告，反馈当堂课的学习情况。

可见，除了单次呈现的视频窗口有限，较其他教学平台，ClassIn 算是当前功能较为全备的线上教学平台，集"教学—互动—管理—反馈"于一体，可满足互动趣味性、协同性、即时性和公平性的多维需求。我们预测，在网速稳定的前提下，该平台有望成为线上中文教学的优选平台。同时，我们也希望该平台可以得到进一步优化。

（二）加强汉语教师基本素养培训

教师是教育的核心，教学水平的高低归根结底是由教师的水平所决定的（赵杨，2021）。学界对汉语国际教育人才的培养也提出了诸多见解，统而言之，可归结为三大方面：知识、能力和素养（赵杨，2021）。关于汉语教师的培养，张德鑫（2001）即有洞见，他谈道："如果说精通汉语是汉语教师的内功……拥有一定的电脑技能，则是对外汉语教师的外功，只有练就过硬的基本功，才能当一名合格的、称职的乃至出色的对外汉语教师。"在智能化背景下，李宇明（2020）对此进行了进一步深化，他谈到汉语国际教育有"搭台、演戏、招看戏人"三件事，关键还是要演好戏，把学教好。线上教学要想实现有效的互动，汉语教师既需要重视汉语的特点，修炼汉语、外语等语言知识的"内功",同时也需要"拼资源、拼技术",练就用智能技术为教学锦上添花的"外功",以适应全球汉语教育智能化的要求。然而,当下汉语教师入职门槛较低,职业生态欠佳。为促进汉语国际教育学科的健康发展,提升汉语教师的整体质量和多元储备,加强汉语教师基本功培训,改革教师评价制度势在必行。

1. 培训"外功",增强信息素养

面对当前的形势,学界也倍加重视,认为信息素养应成为汉语教师的必备素质(张旺熹,2020;李先银,2020等)。线上教学技能应成为教师职业发展的重要取向,成为教师评估的重要指标。教师的教学能力不再局限于线下的课堂教学能力,而且应包括线上的教学能力(李泉,2020)。

(1)汉语国际教师应该熟悉各平台的互动功能

熟悉平台互动功能是对汉语教师的基础要求,也是对当前汉语教师的入门级要求。首先,汉语教师应该使用PPT制作教学课件,了解线上教学平台全体静音、屏幕共享等基本功能,熟悉相关互动操作,如麦克风发言、聊天室笔头聊天、协同作业等,完成知识互动。其次,教师应该通过组建虚拟空间,分配语伴,布置交际任务,完成交际互动。最后,教师应该借助点赞、弹幕、抢积分红包等线上智能互动方式反馈教学结果,达到沟通情感、活跃课堂气氛的目的(巴丹等,2021),完成情感互动,关注学生心理,基本实现线下师生互动的平行迁移。

(2)汉语国际教师应该适当整合智能教学资源

整合智能教学资源是对汉语教师的发展要求,有利于营造汉语教师职业发展的良好生态。熟悉平台功能的互动基本只能满足师生间的机械互动,进行简单的任务互动。前人也提到,线上互动缺乏"温度"和真实性。也就是说,教学应尽量还原线下互动场景,提升互动的在场性、对话性和实操性。可见,线上汉语教学互动对信息素养的要求具有统一性,主要表现在促进互动的情景化,增强互动的游戏性,实现互动的工具性,即以情景、趣味带动交互表达。这就需要汉语教师发挥语言学习与新技术整合的优势(温晓虹,2020),更加主动地更新自己的知识结构,提高数字素养,编辑图片、视频、网页将成为教学基本功,解决网络、软件、硬件问题将成为必修技能,从而适应线上教学的新要求(陈闻,2020)。如何实现语言学习与新技术的整合呢?我们可以参考前人的音视频制作经验以及利用虚拟现实(VR)技术、

语音技术等参与线上汉语教学互动的实例。

汉语教师刘志刚曾将中文影视剧按语言点形式截取成小型视频片段，整合成庞大的数据库资源，出版《多媒体辅助汉语教学案例集》，并在公众号"麻辣汉语"公开分享相关视频素材。邬蓓虹老师利用PPT模拟了流星雨、电蚊拍苍蝇、跳舞机、娃娃机、音乐播放器等现实游戏场景，在其中加入汉字拆解、生词认读、阅读练习、选择测验、拼音品读等语言操练，极尽展现了线上教学互动的真实性和趣味性。①

另外，教师还可以引入人工智能（AI）、虚拟现实等科学技术，促进在线中文教学情景化、实操化、游戏化，努力提升对受众特别是中小学生的吸引力（张鹏，2020）。我们建议利用旅游景点官方网站上的虚拟游览功能辅助教学。比如，北京故宫博物院官网上有利用VR技术制作好的"全景故宫"，教师可带领学生在线上参观故宫，进行相关的语言或文化教学。在语音技术方面，刘荣艳（2020）提出了两条参考。一是利用语音合成技术（Test to Speech，TTS），将文字信息实时转化为标准流畅的语音，可用于线上听力、口语、阅读教学。如在听力教学中，教师可通过TTS将听力文本转化为语音资料，带领学生进行正常速度听、倍速听、结合文本听等训练。同时，这一过程还可以加入视频、图片等视觉资料，做到视听结合，增强听力教学互动的真实性。在口语教学中，TTS中具备丰富的语音库，如acapela的语音资源就十分多样，涉及不同年龄、不同音色、不同情绪等。教师可灵活运用语音资源，将文本输出为生动立体的语音资源，营造真实的话语情境。二是利用自动语音识别技术（Automatic Speech Recognition，ASR），将实时语音转为文字，这一技术可用于线上口语、听力教学。将上述两种技术结合，则可实现口语和文字间"无形"与"有形"的灵活切换。

整合智能教学资源，一方面有助于弥补现有线上汉语教学资源的不足，另一方面更有助于营造趣味、情景互动，使线上互动具有游戏性、体验性和科技性，实现以教师为主导、学生为主体的高参与度互动。

（3）汉语国际教师应该关注课下互动平台

除了课上互动，教师也可以利用相关平台或软件直接或间接地参与学生互动，如利用有限的社交条件和社交场景，与受众进行每天2~3个单词教

---

① 详见"麻辣汉语"公众号2020年举行的汉语教师教学技能系列培训课程。

学的情景互动等（白乐桑、宋晖，2020），让学生使用相关单词在评论区参与留言互动。同时，教师可借助线上教育平台，设置学生感兴趣的话题，鼓励学生内部发言、回复与点赞。Fauske & Suzanne E，Wade（2003，转引自季晶晶，2020）的研究表明学生更倾向于生生互动，老师的出现会让学生觉得有压迫感（转引自季晶晶，2020）。因而教师可作为这一互动的策划者和监控者，间接参与互动，一可根据话题的讨论热度，推测出学生感兴趣的话题；二可根据学生的发言内容，总结学生普遍错误的表达，作为教学互动内容的参考，通过课外互动反哺课内互动（季晶晶，2020）。

2. 夯实"内功"——储备核心素养

（1）汉语国际教师必须内化基础教学知识

提高信息素养并不等同于过分依赖信息技术教学，教师首先应当具备和传统汉语教师一样的"去 PPT 化"的教学能力。任鹰（2020）认为教学模式的改变很容易使人格外关注教学技巧，老师们目前考虑较多的的确也是教学手段问题。而事实上，选取适合远程教学模式的教学内容更是重中之重。汉语教师应以内容为本，以形式为辅，在理论和实践中夯实语言本体知识、语言教学、优秀文化知识，掌握语言教学规律，增强国际意识和国别意识，防止互动中出现冒犯学习对象的禁忌性内容。

（2）汉语国际教师关注教学对象个性

教师应关注不同教学对象的个性，因材施教。对于小学生而言，互动成功的关键在于保持吸引力和趣味性。对于性格内向的学生而言，互动需要降低情感焦虑，增强互动意愿。对于专门用途汉语[①]教学对象而言，互动需要聚焦某一特定领域，学习某类专业术语和相关的交际表达。这些都是线上互动的多变因素，但结合不变因素"教学目标"考虑，互动的核心功能仍在于

[①] 参照李泉（2011）的定义，本文所说的专门用途汉语包括一般所说的专业汉语，如理科专业汉语、工科专业汉语、中西医专业汉语、文史哲专业汉语、政经法专业汉语等；同时也包括与跨文化语言生活、语言交际密切相关的"业务汉语"，如涉外和在外的外交汉语、外贸汉语、媒体汉语、军事汉语、旅游汉语、工程汉语、公司汉语、航空汉语、酒店汉语、办公室汉语，特别是广泛需求的商务汉语、经贸汉语，等等。这就是说，用于某种专业领域、特定范围和固定场合的汉语，并不限于跟学科密切相关的专业汉语，还包括特定业务、特定场合、特定环境中使用的汉语，因此称之为专门用途汉语比称之为专业汉语更为恰当。

提升汉语书面或口头表达能力，进而具备汉语生活能力。

（3）汉语国际教师还应该注重培养应急教学技能

具体而言，应急教学技能是指当出现课件无法使用、屏幕无法共享、视频无法显示但麦克风和其他功能一切正常等突发情况，教师能迅速控场，继续教学。比如上课伊始，屏幕无法共享，教师可以巧妙利用黑屏和聊天框进行教学。具体而言，教师可以请学生关闭摄像头，通过制造双信息差来激发学生的好奇心和开口欲，如让学生先猜测其他学生的个人情况（年龄、衣着、外貌、住址、生日、名字、爱好等安全话题），根据学生水平和所学目标词语来设定具体目标，一问一答，逐步达成课堂目标（高小平，2021）。同时，除了口语交流，教师还可利用聊天框进行互动，一方面借此展示目标语言项目的书写形式，让学生进行认读练习；另一方面也可以通过文字聊天，丰富上课的互动形式。在这一过程中，教师还可能收获新的教学心得，拓展新的教学思路，如文字聊天中不少学生在发出信息时可能还会回读信息，当意识到自己误用了汉字或语法时，会及时撤回或主动更正错误（司甜，2020），教师可据此收集学生的偏误情况，用于备课分析。

总之，加强对教师应急教学技能的培养不仅有助于处理教学突发情况、维持课堂秩序，也有助于激发汉语教师的互动灵感，创新互动方式，为线上教学互动提供多维参考经验。

（三）教学对象走向小班化

汉语学习本质上是语言学习。在互动环节，汉语教师应尽量给予每位学生相对平等的开口机会，并提供实时的互动反馈，因此，必须控制班级规模。由于教学对象的个人情况纷繁复杂，教师在组织互动时需要考虑更多的个性化因素以及平台容纳量，设计更全面的互动方案，以保证师生互动有效。因此，线上更适合小班教学（曹秀玲，2020）。目前的汉语教学有一对一、一对二、一对三等小型班级，但也存在几十人的大型班级。对于具体的小班人数，陈闻（2020）根据自身教学体验，建议网络直播教学控制在12人以内，超过12人，整个互动效果会大打折扣，而且可能使电脑硬件不堪重负。因此，为了达到更好的互动成效，线上汉语教学应合理控制班级人数，进行小班化教学。

五、结论

随着智能化技术的发展和疫情防控的常态化，线上汉语教学成为趋势。当前汉语国际教学人才培养的重心不是争论线上、线下教学的利弊以及发展态势，而是应研究如何取长补短，将二者最大限度地合二为一，使教学和学习的手段、资源和效益最大化（李泉，2020）。且不论生态环境如何变化，互动始终是教学成功的关键。因此，汉语国际教育专业人才的培养应当把如何实现有效互动作为突破口，立足于线上汉语教内外部环境的变势与定势，在"教师—人工智能技术—学生"三元互动新模式中，通过自身或第三方优化教学平台，着重提升汉语教师的信息素养，加强新技术与语言知识的整合转化，使线上互动更具有实操性、科技性、游戏性。同时也应更加注重汉语教师的入职门槛，实行对汉语教师教学知识、教学技能、应急技巧等基本素养的考核准入制，为从业人员提供工作保障。最后，出于对教学对象复杂性背景、教学平台的容纳量以及互动成效考虑，线上汉语教学宜进行小班化教学。

在后疫情时代，汉语国际教育专业人才要牢牢把握汉语教学的定势与变势，以提升教学水平为核心，夯实知识和技能素养，努力提升信息素养，营造健康、智能、可持续的汉语国际教育发展生态。

引用文献

巴丹，杨绪明，郑东晓，杜敏，邵明明，白乐桑，杜修平，李芳芳，汤天勇，高小平，万众，陈宏，孟凡璧，唐师瑶，史艳岚，杨一飞，朱赛萍，张海威，刘玉屏．"汉语国际教育线上教学模式与方法"大家谈［J］．语言教学与研究，2021（2）：1-14.

崔希亮．全球突发公共卫生事件背景下的汉语教学［J］．世界汉语教学，2020（3）：291-299.

解植永．新冠肺炎疫情背景下汉语国际教育探究［J］．天津外国语大学学报，2021（1）：81-91+160.

李泉．国际汉语教师培养规格问题探讨［J］．华文教学与研究，2012（1）：51-59.

李泉．论专门用途汉语教学［J］．语言文字应用，2011（3）：110-117.

李泉，陈天琦．论新时代对外汉语教学的"大学科化"之路［J］．语言文字应用，2020（2）：79-88.

李宇明. 海外汉语学习者低龄化的思考［J］. 世界汉语教学，2018（3）：291-301.

李宇明，唐培兰. 论汉语的外语角色［J］. 语言教学与研究，2020（5）：17-30.

李宇明，李秉震，宋晖，白乐桑，刘乐宁，吴勇毅，李泉，温晓虹，陈闻，任鹰，苏英霞，刘荣艳，陈默. "新冠疫情下的汉语国际教育：挑战与对策"大家谈（上）［J］. 语言教学与研究，2020（4）：1-11.

陆俭明，崔希亮，张旺熹，张鹏，梁霞，郑艳群，冯丽萍，孙瑞，郝美玲，古川裕，金海燕，司甜，程红，王辰，项英，季晶晶，赵杨，张黎，包亮，曹秀玲，李先银. "新冠疫情下的汉语国际教育：挑战与对策"大家谈（下）［J］. 语言教学与研究，2020（5）：1-16.

刘利，赵金铭，李宇明，刘珣，陈绂，曹秀玲，徐正考，崔希亮，鲁健骥，贾益民，吴应辉，李泉，陆俭明. 汉语国际教育知识体系的特色与构建——"汉语国际教育知识体系的特色与构建研讨会"观点汇辑［J］. 世界汉语教学，2019（2）：147-165.

张德鑫. 功夫在诗外——谈谈对外汉语教师的"外功"［J］. 海外华文教育，2001（2）：1-8.

赵杨. 汉语国际教育的"变"与"不变"［J］. 天津师范大学学报（社会科学版），2021（1）：7-14.

朱志平. 论"国际汉语教师教育者"的国际视野［J］. 河北师范大学学报（教育科学版），2020（1）：39-45.

作者简介

邓佳欣，四川大学文学与新闻学院语言学及应用语言学专业硕士研究生，研究方向为现代汉语语法/语用。

新冠疫情下国际中文线上教学现状及思考

周 璐

提 要 2020年新冠肺炎（COVID-19）疫情暴发，为保障停课不停学，国际语言教育机构纷纷转向线上教学。本文重点介绍了疫情下国际中文线上教学的基本情况，结合师生的云端课堂体验的案例分析了国际中文线上教学的优缺点，并给出一些建议。未来我们会积极补足线上中文教学的短板，发挥其潜在的战略价值，促进国际中文线上教学可持续发展。

关键词 国际中文教学 线上中文教学平台

线上教学是一种以网络为介质的教学方式，通过网络，教师即使和学生相隔万里也可以开展教学活动。与传统的线下教学相比，它是一种新型的教学方式，也将是未来语言教学与研究的重点。目前国际中文线上教学存在的种种问题，也为我们进一步思考国际中文教学的发展方向提供了契机。

一、国际中文线上教学现状

早在2001年就有学者提出"课堂上的网络"和"网络上的课堂"这一对概念。2008年，"长城汉语"研发团队推出汉语学习平台的概念和资源；同年，Dave Cormier和Bryan Alexander提出"慕课"这一概念。十余年过去了，国际中文线上教学发展得如火如荼，更是在2020年迎来了线上教学的高峰期，不仅原本主营国际中文教学的机构大量增设网课，多家知名语言培训机构也开始拓展海外中文教学事业，致力为各国民众提供更便捷、更优质的中文教学服务。国内外一些高校、企业或单位也先后合作开展了许多促进中文教学发展的活动。

（一）国家主导的线上中文教学平台

1. 中外语言交流合作中心

隶属于教育部的中外语言交流合作中心（简称"语言合作中心"）于2020年7月5日成立，是发展国际中文教育事业的专业公益教育机构，其前身为孔子学院总部，即国家汉办。它旨在为世界各国民众学习中文、了解中国提供优质的服务，为中外语言交流合作、世界多元文化互学互鉴搭建友好协作的平台。

2020年9月，语言合作中心发布了"中文联盟"云服务平台和App、"汉语桥"俱乐部App、"网络中文课堂"项目、"中文学习测试中心"项目等四个中文学习平台。其中，"中文联盟"云服务平台和App（简称"中文联盟"）成立于2020年3月26日，是由20多家中外机构为抗击疫情专门联合打造的数字化云服务平台，旨在聚集全球渠道、课程、技术、产品、服务等资源，为从事国际中文教育的学校、机构、教师和学生提供线上教学及辅助服务。作为全球最大的国际中文教育网络平台，中文联盟集中文教育、文化学习、教师发展、考试服务等功能为一体，不仅为全球中文学习者提供了丰富的课程资源，也为国际中文教师提供了多样的教辅素材和成长课程。凭借自主研发的直播平台，中文联盟与国内高校联合开设线上直播课程，为中文学习者量身定制线上中文学习项目，并推出"考教结合"的标准化线上中文课程体系，同时运用新技术手段为学习者提供个性化的学习方案。

疫情暴发以来，语言合作中心推出了一系列促进中文教学发展的活动。例如，"新汉学计划"推出了高级中文翻译人才培养项目，先后开设"在线口译精英研修班"和"中国文化笔译工作坊"，将中国文化知识课、语言翻译课与实践课相结合，让不少学生感叹"干货"满满；在线顺利举办了"汉语桥"比赛，陆续开展了中国音乐文化线上国际夏令营、云配音比赛、一分钟·中文创意挑战赛、中国文化系列讲座等活动，为各国青年展示中文水平、了解中华文化架起一座座桥梁。

2. 全球中文学习平台

成立于2019年10月25日的全球中文学习平台是在教育部和国家语

言文字工作委员会指导下，由科大讯飞股份有限公司建设和运营的智能语言学习平台。该平台旨在利用人工智能技术服务国内外中文学习者，推动国家通用语言文字的普及，提升中文的国际影响力。该平台不仅面向将汉语作为第二语言的学习者，还广泛面向国内的学前儿童、中小学生、少数民族学习者。疫情暴发以来，该平台同步上线全球中文学习平台国际版App，帮助全球中文教学机构顺利开展教学。后研发上线"译学中文""知学中文""幼学中文"等手机软件，增设港澳台频道，补充针对性学习资源。截至2021年10月28日，该平台累计用户超过423万，覆盖近179个国家和地区。

3. "Chinese Bon"（中文帮）

作为中国外文局转型项目，该平台于2016年1月29日上线，是全球首款以C2C为核心业务的社交化中文在线学习平台型产品，主要为中国文化输出、中文的国际化推广及中文出版数字化转型服务，为全球中文教师、中文学习者以及学校提供网络教育服务，整合资源。

（二）国际外语教学机构及平台的拓展

许多国际外语教学机构及平台提供多语种教学服务，包括中文教学服务，如全球最大的在线语言学习社区平台Italki，由中国和美国的投资人共同创立，有1000多位来自全球200多个国家的外教，涵盖100多种语言，主要通过Skype进行一对一在线语言教授，目前全球已有100多万用户。作为多语言学习社区平台，Italki也涉及汉语教学，并且拥有不少汉语学习用户。类似的还有Verbling、Preply等。

此外，国内一些英语培训机构也逐渐拓展为多语种培训机构，近年来，它们开始开拓海外市场，为海外汉语学习者提供线上培训课程。如资深英语培训机构VIPKID旗下的Lingo Bus，它成立于2017年8月，是全球首个全中文沉浸式汉语教学平台，主要为全球4～15岁的海外儿童提供线上一对一汉语教学服务，受众多来自欧美。基于海外不同学生的学习特点，Lingo Bus为非华裔青少儿学生设计了通用汉语课程。另外，随着我国"双减"政策的实施，《关于进一步减轻义务教育阶段学生作业负担和校外培训负担的意见》正式落地，国内教育培训机构原有的市场大大萎缩，不少机构进一步开拓海外中文培训市场。2021年7月23日,卓越教育正式开启"国际汉语"的第一期课程,课程类型为"进阶商务汉语",该课程采用英汉双语教学模式,面向具有一定汉语基础且对商务汉语有提升需求的用户。8月10日,伴鱼少儿英语所创的伴鱼绘本为VIP用户提供了"英文绘本+中文图书"的双语学习权益,其中的一大亮点是"中文分级阅读",即按照儿童不同年龄段的智力和心理发育程度,为孩子提供个性化的读物和科学的阅读计划。8月19日,新东方宣布成立比邻中文"Blingo",向4～15岁的海外华裔儿童、青少年提供中文、中华文化学习课程,旨在提升其中文"听、说、读、写、译"能力。

(三) 多主体共筑第二课堂

近年来,国内外的高校、企业或单位先后合作开展了许多促进中文教学发展的活动,线上第二课堂的构建初具雏形,线上教学模式类型多样,主要有直播、录播、微课、电视云中课堂、广播、图片+音频等。

2020年,北京语言大学汉语国际教育学部与北京语言大学出版社共同搭建了"全球中文教学线上交流平台";在杭州师范大学承办的"汉语桥——杭·ZHOU"线上团组交流项目中,来自三个不同国家的留学生分别带领外国学生们游览了钱江新城,体验了日常的校园生活和便捷的电子支付;北京歌德学院以全程网络放映的形式介绍一年一度的"柏林戏剧节"入围作品,并为每个戏剧作品录制导赏视频在线直播,还推出了"最美德国图书"线上展览、在线直播读书沙龙等活动。这些活动建构起特定的线上交流社区,为汉语学习和汉语文化的传播提供给了有利的平台。

此外,2020年3月,西班牙巴塞罗那孔子文化学院"孔子数字课堂"开课,第二期直播时段在线听课人数突破2500人;乌克兰"中文学习打卡挑战"网络微课吸引了不少学生关注和参与;意大利教育部联合意大利国家电视台RAI教育频道与文化频道,推出了电视网络课程"La Scuola in TV"。这些线上课程的开展,为国际汉语学习者拓展了汉语课堂的范围。

二、国际中文线上教学的优点

云端课堂对师生来说都是一种全新的体验,从大量案例来看,线上教学的优势非常明显,我们以中外语言交流合作中心的新闻访谈记录为例,总结出以下优点。

(一)创新中文教学模式,受众群体趋向多元

虽然疫情给线下中文教学带来了冲击,但大规模线上中文教学的出现也为今后中文教育网络化、信息化积累了丰富的经验,催生了新的中文教学模式、教学形态。这一教学模式让中文学习群体也走向多元,越来越多的人加入线上中文学习课堂,例如:

爱琴大学的 Stella Siafali 说:"我没想过可以通过网络课堂学习我最喜欢的语言。"

留学生白雪正是线下教学转至线上教学的亲历者,她说:"在线学中文不仅是新的学习方式,更是多样化的学习渠道。"

西班牙巴塞罗那孔子文化学校校董麻卓民表示:"孔子文化学校的教师以新颖的上课形式,让中文课堂走进学生的家里,甚至让很多父母也忍不住和孩子一起上起了中文网课。"

爱琴大学的 Christina Liga 说:"网络中文课堂提供了比线下课程更多的体验,真的很棒!特别是在当前,这种方式使学习更加方便,也让许多希腊学生和我一样获得了学习中文的机会。"

通过上述新闻访谈记录,我们发现线上中文教学受到部分师生认可和喜爱。且线上中文教学有极强的便利性,不论是留学生或在职人士,不论是出于兴趣或求职,都可以通过网络课堂学习中文。

(二)超越时空限制,加速汉语国际化进程

线上中文教学突破了传统教育地域性的限制,只要有网络随时随地可以进行学习,这在很大程度上克服了当前海外汉语教育面临的覆盖不均及学习

时长不足等困难，从而缓解了中文教育"供不应求"的局面。这有利于提高汉语的国际影响力，加速汉语国际化进程。

留学生白雪说："在信息化时代，线上教育的优点很明显，可以突破时间、地点的限制，学习者可以足不出户在家学习。"

Italki的中文老师王茹（化名）说："有条件能到中国学习的外国人毕竟有限，线上中文学习平台则突破了时空限制，提供了灵活的授课模式，越来越受到外国汉语学习者的青睐，发展势头很好。"

北京语言大学校长刘利表示："越来越多的中文学习者能够通过线上教育的新模式享受最优质的教学资源，客观上促进了教育的公平化，也让世界各地的中文学习者能够不受时间、空间限制学习中文。"

线上中文教学可以让更多人"足不出户学汉语"，这一优势得到多群体的青睐和认可，这是线下教学很难超越的。它既给世界各地的中文学习者提供了优质的学习资源和公平的学习机会，也让"全世界都讲中国话"成为可能。

（三）提供多重选择，关注学生体验

第一，线上中文教学多为小班甚至是一对一教学，教师对学生的关注度较高，学生可以获得较为即时的反馈。

爱琴大学的Konstantina Areta-Kalogeropoulou说："在虚拟课堂上，老师可以不断给我们反馈，这对我们帮助很大，使在线学习的过程变得更加熟练和亲切。"

留学生杰克说："在学习过程中，老师会提供几个句子让我复述，但是粤语的发音和普通话有很大区别，我一开始总是读错，老师就会让我不断重复，还会通过一些小故事让我加深印象。"

有学生表示："在线中文对话课程帮助我取得了很大的进步，让我在口语方面更自信，更乐于表达，同时表达方式更加丰富、地道。"

"体验汉语 感受中国"语言学习冬令营项目的郭文娟老师说："学生们不仅能通过线上交流验证学习成果、获得学习反馈，还可以在线与他国同学及中国老师沟通交流，在互动中提高跨文化交际能力，在实际的生活场景中学习地道的中文。"

通过上述新闻访谈记录，我们发现即时反馈对二语学习者在口语提升方面的帮助非常明显。一方面，通过即时反馈，学习者的汉语发音能更加准确；另一方面，通过即时反馈，学习者可以和来自不同国家的学生交流互动，锻炼口语表达能力，了解异文化，并在潜移默化中提升跨文化交际能力。

第二，线上中文教学课程资源较丰富，学习者可根据自身需求选择相应的课程，教师也可以帮助其制定个性化的学习方案。

留学生白雪说："线上教育的优点很明显，学生可以根据自己的情况实现个性化的学习。"

Italki 的中文老师李莹（化名）说："我们的授课时间从 30 分钟到 90 分钟不等，根据老师们的上课时间，学生可以选择合适的课程。"她还说："我会根据学生的具体情况划分成初级、中级、高级 3 个学习阶段，根据他们的情况设计不同的课堂话题，这样的学习更具有针对性，也能更快得到提高。"

留学生艾丽娅更青睐在线学习，她说："学校多是大班式教学，有时候为了照顾其他学生，老师会放慢教学节奏，但这可能导致中文水平较高的学生的学习进度也放慢。相反，线上老师会根据学生的需求适时调整，比如增加模拟对话的时长。"

每一位学习者的学习需求、学习目标、对语言要素的掌握情况等都存在差异，而线上中文教学具备的"个性化""针对性"特点可以很好地照顾到学习者，帮助他们减轻学习焦虑，提高学习效率。

第三，线上中文课程可回看，如果学习者出于时差、网络环境差或其他原因无法参与直播课堂，或是学习者对课程内容没有完全掌握，都可以通过重复观看学习或复习。

留学生杨帆对线上教学的课程比较肯定，因为"可以反复观看"。

泰国学生宁宁说："对我来说，线上学习有一个很大的优势，即能够随时随地在软件上回顾老师讲的内容。"

线下中文课堂中，学习者必须按时上课并全程认真听讲，否则就很难再有机会进行二次学习。此外当两个课程或活动在时间上有冲突时，学习者还不得不割舍其中一个课程或活动。线上中文课堂则很好地解决了这一问题。

第四，科技为线上中文教学提供了更多的支持，教师利用多样化的教学软件、工具来丰富课堂，让中文学习有趣又有效。

爱琴大学的 Soultana Michailidou 对网络中文课堂赞不绝口，她说："网络中文课堂很有趣！老师们有很多教学工具来配合教学，也会在制作课件时加入许多有趣的元素和游戏，让我们可以轻松学习。"

"'云端'授课特别生动有趣，不仅直播做蜡染、烹制酸汤鱼，还有贵州少数民族歌舞表演。"越南太原大学学生李氏燕在贵州师范大学"汉语桥"线上团组冬令营结营仪式上说。

有学生表示："跟随这些实用的短视频学习中文，我们可以轻松提高中文水平。"

科技是新时代教育改革发展的第一推动力，其后蕴藏着教育理念与教学方式的多维度创新与数字化转型。后疫情时代的中文教育虽然将回归以线下为主的发展模式，但仍要注重发挥科技在中文教学中的作用。

第五，线上中文课程类型多样，除了语言要素的教学，还开展了方言课堂、文化系列讲座、线上中文比赛、"云"游学活动，等等。丰富的课程不仅让学习者有了更多的选择，还让很多人对中国有了新的认识。如：

留学生杰克说："教授方言的线下课堂数量很少，在线学习给我提供了这个机会。"

一位俄罗斯学生表示："线上比赛为我们提供了学习、锻炼口语的宝贵机会，是非常有意义的一次尝试。"

在"古都西安'云'游学"活动上，有学生表示："'云'上体验让我从多角度了解了西安的地域文化，目睹了中国的发展变化，也对中国有了更加直观、真实的认识。"

"没想到中国有这么多种类丰富的美食，有机会我一定要去中国尝一尝。"

线上教学为学生提供了更多资源和选择，并以技术手段让学生体验到了丰富的中国语言文化活动。

（四）带动实习，促进就业

线上中文教学为不愿意出国和因疫情无法出国的汉语国际教育相关专业学生进行对口实习和就业创造了机会。

从疫情暴发开始，中文路公司吸引了 6000 多名对外汉语相关专业本科毕业生加入其教师库。全国人大代表、华南理工大学国际教育学院创院院长安然教授说："这为对外汉语教学带来一条新发展路径，也证明线上教授中文是一条解决资源配置的好路子。"

中文路公司董事长郭信麟说："我们为相关专业毕业生创造了大量的就业和实习机会，实习教师可与外国学生结成语伴，并参与教材编写等工作。"

7月，西北师范大学在悟空中文设立国际文化交流学院就业实习基地。

（五）推动互联网经济的发展

与线下中文教学相比，线上中文教学成本低且覆盖面广，是当前社会背景下的最佳选择。走在最前面的线上中文教学平台和企业抓住了这一机遇并获得丰厚的收益，推动了互联网经济的发展。

三、国际中文线上教学的不足

（一）国际中文线上教学平台不成熟

现有的国际中文线上教学平台较少，缺乏专门的适应性和针对性，且功能不够齐全，存在诸多局限。

1. 缺少互动

尽管各个平台都声称自己是可以互动的，但师生、生生之间在线下教学中的互动除了有声语言，还伴随着视听嗅觉、情绪、表情、肢体语言等副语言，这种多模态的感知在线上教学中是无法充分实现的。

留学生白雪说："线下教学师生之间的面对面真实互动，是在线教育实现不了的。"

Italki 的中文老师王茹（化名）说："录播课的优势在于灵活，但不利于师生之间的互动。"

与理论类、知识类课程相比，语言类课程需要较强的互动性，师生互动、学友互动更是课堂教学中不可或缺的环节。而在目前的技术条件下，线上课堂实现互动的形式十分有限，几乎只有问答和对话，传统线下教学中寓教于乐的情景练习、角色扮演等都无法正常开展。

2. 缺少监督

线上教学管理相对宽松，加之居家学习缺乏仪式感，对一些主动性不够、自主性不强的学生来说，注意力容易分散，学习效率降低。

来自巴基斯坦的丹尼尔就读于山西大学，他说："学习一门新语言需要足够的耐心，但对我来说，上网课时很难集中注意力。"

Italki 的中文老师代秀（化名）说："相比于线下教学，学生在线上很难长时间集中注意力。"

在蒙古任教的中文老师李蕊琛说："学生自身的自制力是很重要的……"

线上中文教学削弱了教师对学生学习情况的现场监督功能，对学生的自律性和自控力提出了更高要求，同时教师也难以评估学生的真实水平。

3. 线上课程的建设缺少规划

虽然几乎所有的平台都开设了语言要素课程，但在听说读写的课程安排上存在不均衡，有的平台过于重视提高学生的语言表达能力，而忽视了对其书写能力的培养。

Italki 的中文老师代秀（化名）说："在线汉语课程还有一个局限是由于着重语言交流，相对不利于学生学习汉字书写。"

汉字教学向来被视为对外汉语教学中的一大难点，最常用的板书示范法、体态语教学法等汉字教学方法都是典型的线下教学模式产物，如何将它们继续应用于线上教学，值得教师们思考。

4. 中国的网络教学平台与外国留学生所在地的网络产品使用政策、环境等不相符

中国的网络教学平台存在与外国留学生所在地的网络产品使用政策、环境等不相符的情况，造成学习上的障碍。此外，线上教学平台的网络稳定性不强，教学过程易出现不流畅、延迟、卡顿等现象。

受当地网络质量和网络普及率的影响，在尝试使用了许多软件和平台后，赤道几内亚国立大学孔子学院的老师们发现在当地无法采用钉钉网课、ZOOM 等开展直播教学。

斯里兰卡的学习者善真说："我有时凌晨 4 点就要起床准备上网课。因

为网络很卡,经常听不见老师说话。"

网络通畅是线上中文教学的重要保障,没有网络或网络不稳定都会给线上教学活动带来许多不确定性。

5. 线上教学平台的运营问题有待解决

线上教学平台将面对传统面授教学不曾遇到的商业问题,如挖掘平台用户、提高课程转化率、稳定客户等。

(二) 缺乏科学的教材

首先,目前国际中文线上教育平台使用的教材没有统一标准,一些平台使用的是对现有纸质教材进行二次加工改编成的在线教材,内容老旧,应用性不强;还有许多平台使用自主研发的中文教材,但这些教材的内容由于未经过专业检验,质量参差不齐。其次,针对"中文+职业技能"的线上教材较少,难以满足学习者多元化的学习需求。最后,面对不同地区的学生使用相同的教材,缺乏国别化考虑和针对性。

(三) 教师的专业性和稳定性不强

1. 教师的专业性亟待提高

首先,大多数教师缺乏线上教学经验或准备不充分,以致不能很好地掌握在线教学的方法和技能,缺乏在线教学的临场感;其次,面对授课模式的突然转变,教师在教学方法、课堂管理、教学互动等方面存在诸多问题;最后,由于线上中文教师任职资格的考核标准不健全,教师队伍良莠不齐。

英国谢菲尔德大学孔子学院中文教师宋晶晶说:"游戏教学法在面授和网课应用的反差使我明白,作为老师只有及时调整教学方式,才能适应多变的课堂。"

美和汉语中心经理王茹说:"老师的专业性不够会影响学生对课程的期望和学习的动力,在筛选老师方面,在线学习平台应该投入更大精力。"

面对授课形式的突然转变,教师们在教学中毫无疑问会遇到许多问题,但通过上述新闻访谈记录我们可以发现,不论是教师(及时调整教学方式)

还是培训机构（提升线上教学入职门槛），都在积极寻求解决之道。

2. 线上中文教师以兼职为主，稳定性不强

线上中文教师薪资不高且缺少合同规范，各方面的福利待遇也不完善，很多时候老师们只是把它作为兼职，稳定性不强。

（四）缺少沉浸式的目的语学习环境

1. 缺少沉浸式的课堂环境

首先，现有线上中文学习系统的逼真度差，沉浸感不强，难以形成真实的语言环境；其次，互动是进行沉浸式目的语教学的必然要求，然而线上学习环境的协调水平低，实时交互能力弱；最后，适合于进行沉浸式线上学习的虚拟现实技术还未得到充分开发运用。

2. 缺少沉浸式的社会环境

大部分学习者只在课堂上接触中文，课下没有目的语的自然习得环境，既不能将所学的知识付诸实践，也无法自发地习得与目的语相关的语言文化，大大降低了第二语言习得的效率。

越南华裔张致远说："如果没有将自己置于华文中心的中文环境中学习，我现在的中文就不会如此熟练。对学习中文来说，环境比天赋更重要。我的朋友中就有不少同伴因为缺少语言环境熏陶，中文说得不好。"

语言学习以外部环境为依托，不管是母语的习得还是外语的学习都是在外部环境的作用下完成整个认知过程的，我们要意识到环境对第二语言学习的重要性，并充分利用和发挥其优势。

（五）缺少法律法规约束和市场监管

国际中文线上教育市场如火如荼的同时，其存在的问题也逐渐暴露，行业乱象频发，如各类虚假宣传、诱导消费、师资造假、"拿钱跑路"等，引发各方担忧。国际中文线上教学平台既是教育平台，也是代表国家形象的汉语教学平台，迫切需要建立健全法律法规来保证优质教育市场主体的发展空间，特别是需要针对线上汉语学习平台、App 的教师资格、课程内容等建

立上架审核机制,规范国际中文线上教育市场。

四、对国际中文线上教学的建议

从中外语言合作中心的新闻及访谈中,我们看到了目前中文线上教学的优势与问题,下面提出一些有针对性的建议。

(一)完善教材与课程开发

1. 开发有针对性的线上教学教材

教材是知识的载体,如上文所述,目前中文线上教学缺乏合适的教材,教材使用很不规范。因此,应当根据在线教学的特点,针对不同教学对象编写教材,同时加强"中文+职业技能"系列教材的编写。

2. 开发能应对国际环境变化的线上教学教材

陆俭明等指出,为了让越来越多的国外民众,特别是年轻人真实了解中国、爱上中国,迫切需要编写两方面的通俗易懂的文化教材:一是中国历代对外交往、交流史话,让国外读者特别是年轻人从中看到中国在对外交往上一直是一个和平使者;二是当代中国概况,重点介绍当今中国巨大的正能量变化——从硬件到软件,从民众的物质生活到精神生活,特别是让年轻人认识到,从发展的眼光看,选择学习、掌握好中文将是个明智的选择。加之,中国国际影响力日益提升,世界各国对中国愈加关注,渴望了解中国历史、中国文化、中国社会的愿望越来越强烈,开发能应对国际环境变化的线上教学教材是大势所趋,有利于讲好中国故事,传播中国声音。

3. 完善课程类型

线上中文课程类型应根据学习者的母语背景、年龄、汉语水平、学习需求、学习风格、教学内容等进行详细划分,以更好地满足学习者的需要。在设置课程的时候应尽量保证课型的平衡,特别是针对线上教学注重口头交流的特点,进一步加强对学生读写能力的培养。

（二）建立健全的教师任职和发展制度

1. 开展线上中文教师的水平考试

目前，针对中文教师的水平考试只有国际汉语教师资格证，而线上教学与线下教学的差异很大，需要开发全新的、正规的针对线上中文教师的水平考试。

2. 建立国际中文线上优质教师储备库

由于线上教学的特殊性，建议孔子学院和非营利性的线上中文教学平台合作培养优质的线上汉语教师，积聚优势力量和优质教学团队资源，共建优质中文线上教师储备库。其中，在师资培养上，要重点加强以下几个方面：第一，提高教师对信息素养重要性的认识；第二，熟练使用线上教学平台和手机软件，控制虚拟课堂的节奏，掌握直播、录播和线上辅导的基本技能；第三，提升中文教师利用信息技术进行教学设计、开展教学活动、进行教学评价的能力等。

3. 建立健全线上中文教师薪资、福利制度

建议国家出台提高线上中文教师的薪资水平、改善福利待遇的政策，并制定基本的薪资福利标准。各平台方参考这一标准制定合理的教师就职、升职政策，为全职教师提供各项应有的社会保障，并且要有合理的晋升空间和奖励机制，以提高教师的积极性。

（三）促进信息技术与线上汉语教学的深度融合

1. 完善线上教学平台

增强互动模块的功能，加大对会话练习、角色扮演等互动环节的技术支持；开发集线上直播、录播、作业上传与批改、测试、互动答疑、社区讨论等多种功能为一体的综合性教学平台；提升平台的服务能力，及时对师生使用线上平台时的问题进行反馈；通过大数据技术的应用，为学习者推荐和设计适合其需求的课程；加强中文教学平台之间的互联互通和资源共享，共建中文教学平台的良好生态。

2. 注重科技运用，模拟真实体验

充分发挥人工智能、语音识别、虚拟现实等技术在线上汉语教学中的作用，参考、借鉴中国华文教育基金会开展的实景课堂，增强线上汉语学习的真实体验。

3. 注重发挥视频微课在线上汉语教学中的作用

视频微课既可有效地辅助主体教学内容，如导入文化教学、开展翻转课堂，为学生带来更好的课堂体验；也可作为课后复习和课外知识的重要补充，如"中文知识知多少"系列短视频、"小亚中文"推出的日常交际用语短视频等。教师充分利用这些资源，可以让中文学习变得有趣又有效。

（四）建设优质的中文教学资源库

1. 努力创建国际中文教学资源平台

努力创建国际中文教学资源平台，开展包括教材、教学法、教学模式、教学设施、标准与考试等在内的数字化综合创新建设，以及教师数字化能力提升建设等。

2. 参考儿童语料库，积极建设共享素材库

儿童语料库是由数据库、CHAT 录写系统和 CLAN 语言数据分析程序组成，研究人员将儿童会话的音频、视频材料按照严格的标注规则进行转写，并记录语调、会话环境以及话语是否连贯等信息，以便他人研究使用。中文教学素材库与该语料库的共通之处在于只提供素材。不同之处是，素材库的立足点是教学，为师生提供中国语言文化教学资源。

（五）建立健全学分认证制度

在慕课的学习者中，获得认证的人数远低于完成课程的人数，其比例也低于平台内部认证率的平均水平。这一现象在一定程度上缘于目前国内高校对汉语慕课学习的承认度较低且缺乏统一标准，也因为线上教学缺乏对学生的监督。我们要打破这一界限，制定统一考核标准，实现与国内高校学分体系之间的对接。

（六）各高校培养方案增设现代科技能力

现在和未来的高素质专业人才，必须具备利用现代科技进行教学研究、课程编制、课程实施的能力，汉语国际教育相关专业应当把现代科技能力纳入必修课程。

（七）宏观指导，制度保障

建议中外语言交流合作中心尽快出台更多发展线上中文教学的政策、规划、措施、技术指南等，为线上中文教学提供科学的宏观指导。此外，建立健全法律法规和市场监管机制，规范国际中文线上教学市场。

五、结语

虽然线上教学具有一些线下课堂无法超越的优势，但它也存在许多不足之处。我们应当抓住契机，总结线上教学的经验和不足，以进一步提高国际中文教育应对重大公共卫生事件的能力，促进国际中文教育的可持续发展。后疫情时代，如何进一步有效开拓线上国际中文教育，如何开发与疫情防控相适应的远程网络教学模式，如何编写出更具科学性、规范性，更有吸引力的适时的线上中文教材，如何将线上教学和线下教学有机地结合起来，都是我们下一步要思考的问题。

引用文献

陈睿. 国际中文教育新模式——在线中文教学［J］. 大众文艺，2020（7）：237-238.

马晨. 国际中文在线教育及相关思考［J］. 海外华文教育，2020（3）：49-57.

陆俭明，李宇明，贾益民，等. "新冠疫情对国际中文教育影响形势研判会"观点汇辑［J］. 世界汉语教学，2020（4）：435-450.

李宇明，等. "新冠疫情下的汉语国际教育：挑战与对策"大家谈（上）［J］. 语言教学与研究，2020（4）：1-11.

陆俭明，等. "新冠疫情下的汉语国际教育：挑战与对策"大家谈（下）［J］. 语言教学与研究，2020（5）：1-16.

文秋芳，杨佳．从新冠疫情下的语言国际教育比较看国际中文在线教育的战略价值［J］．语言教学与研究，2020（6）：1－8．

林秀琴，吴琳琳．关于线上国际中文教学的调查与思考［J］．国际汉语教学研究，2020（4）：39－46．

王辉．新冠疫情影响下的国际中文教育：问题与对策［J］．语言教学与研究，2021（4）：11－22．

大众日报．全球中文学习平台：覆盖179个国家和地区超423万用户［EB/OL］．（2021－10－29）［2021－09－28］．https：//dzrb.dzng.com/articleContent/31_927521.html．

搜图网．在全球首家网络中文课堂学习是怎样一种体验？［EB/OL］．（2021－08－12）［2021－09－28］．https：//www.aisoutu.com/a/544850．

中外语言交流合作中心．新汉学计划｜翻译之美，文化之媒，高级中文翻译人才培养项目进行时［EB/OL］．（2021－08－26）［2021－09－28］．http：//www.chinese.cn/page/#/pcpage/article?id=801．

中国新闻网．"云端"视频直播授课 海外学生感知多彩贵州［EB/OL］．（2021－01－20）［2021－09－28］．http：//www.chinese.cn/page/#/pcpage/article?id=466．

中外语言交流合作中心．线上教学开启"云"上学习新体验［EB/OL］．（2021－05－25）［2021－09－28］．http：//www.chinese.cn/page/#/pcpage/article?id=665．

人民网．线上学中文 玩出新花样［EB/OL］．（2020－22－13）［2021－09－28］．https：//xw.qq.com/amphtml/20201113A01U8E00．

人民日报海外版．上网课，教学生……中文学习多样化［EB/OL］．（2020－04－10）［2021－09－28］．https：//mq.mbd.baidu.com/r/tVMnBxJ5BK?f=cp&rs=3593436994&ruk=bHTqLJ0xyHVbSrhfsEnrzQ&u=e36af486f72be9b5．

人民日报．网络学汉语：风靡全球新时尚 突破时空界限［EB/OL］．（2019－07－19）［2021－09－28］．http：//hb.ifeng.com/a/20190719/7591428_0.shtml．

光明网．中文教育转战网络 线上教学成国际中文教育"主课堂"［EB/OL］．（2021－08－28）［2021－09－28］．https：//me.mbd.baidu.com/r/tVP90Mrurm?f=cp&rs=839958525&ruk=bHTqLJ0xyHVbSrhfsEnrzQ&u=29a7b6b51bc14a0c．

中国侨网．汉语学习模式发生变化 网络学汉语成新时尚［EB/OL］．（2019－07－19）［2021－09－28］．https：//ms.mbd.baidu.com/r/tVMUpdHidW?f=cp&rs=2076356826&ruk=bHTqLJ0xyHVbSrhfsEnrzQ&u=48be64d2d5eb3990．

海外网．科技赋能国际中文教育：增彩线上课堂提升用户体验［EB/OL］．（2020－06－12）［2021－09－28］．https：//mi.mbd.baidu.com/r/tVKZ2HzZXG?f=cp&rs=1976797454&ruk=bHTqLJ0xyHVbSrhfsEnrzQ&u=4a71400c0971fc4e．

海外网．学汉语从娃娃抓起！沉浸式汉语教学受青睐［EB/OL］．（2019－06－21）［2021－

09－28］. https：//mq. mbd. baidu. com/r/tVNA7ElJ3q？f＝cp&rs＝1517612651&ruk＝bHTqLJ0xyHVbS rhfsEnrzQ&u＝fe1c3af2748e6b1d.

中国经营报. 对外汉语老师薪资不及英语老师一半，汉语真的"不值钱"吗？［EB/OL］.（2021－03－19）［2021－09－28］. https：//mq. mbd. baidu. com/r/tVKwjBLBAY？f＝cp&rs＝393183385&ruk＝bHTqLJ0xyHVbSrhfsEnrzQ&u＝3b0f7f2a3617b24c.

光明网. 在线教育乱象频发 规范网课缘何需要一部专门法律［EB/OL］.（2021－03－23）［2021－09－28］. https：//mi. mbd. baidu. com/r/tVO4EoceI0？f＝cp&rs＝2042534383&ruk＝bHTqLJ0xyHVb SrhfsEnrzQ&u＝53d668c8ed93fa03.

作者简介

周璐，土家族，湖北恩施人，四川大学文学与新闻学院汉语国际教育专业硕士研究生，研究兴趣为国际中文教育、跨文化交际。

重构线上教学生态，增强师生互动

王　婧

提　要　在全球突发公共卫生事件背景下，汉语国际教育事业面临一次新的挑战。为了积极应对挑战，教育界对线上和线下教学模式的利弊展开了激烈的讨论。师生互动是开展课堂教学，营造学习氛围不可或缺的环节，然而，由于场域的转变，线上课堂的互动性受到了极大影响。本文从资源条件、技术条件两个方面对知识互动和情感互动进行分析，旨在为线上教学的人际互动提供方法和思路。

关键词　线上教学　互动性　教学生态

一、引言

教育学界对线上教学和线下教学各自的利弊点已经做出了比较详尽的分析（崔希亮，2020；王瑞烽，2020；史金生、王璐菲，2021）。近几年来，学界对线上教学的革新点进行了深入探讨。从客观方面来看，影响教学效果的因素主要有教学技术的更新、教学资源的共享与优化、网络条件的优劣以及教学时差等。从主观上看，学生的学习动机、教师的核心专业能力、教学的场域、教学法的突破都与教学效果密切相关。这些主客观因素是汉语国际教育事业发展急需突破的点，汉语教师需要制定一些切实可行的对策来应对此次挑战。因此，重构教学生态、改革教学模式，是推动汉语国际教育顺应潮流、深入发展的题中应有之义。

二、线上教学环境与教学语言

语言生态学与生态文明建设息息相关，是一门全新的交叉学科。1971

年霍根最早提出"语言生态"这一术语,他认为"语言生态"是指"特定语言与环境之间的相互作用关系",环境能影响语言的更替变化,语言发展也能重构环境。语言生态学主要解决语言濒危与消亡问题,但关于环境和语言之间的关系讨论也发人深省,可以作为线上教学改革的理念参考。

从线下教学过渡到线上教学,翻转式课堂的涌现、教学场域的变化都表明语言的生态环境已经悄然发生改变,具体表现在教学法的改革、教学模式的变换、教学课时的调整、教务系统的线上化等方面,亟须建立一个全新的教学生态环境。但无论是生态环境,还是语言环境,都会受"人"的主观因素制约。网络平台作为新的教学环境只能充当媒介和教辅工具,使用工具的"人"需要掌握新的教学技术与方法,才能最大限度实现"人机结合"的教学模式。教学资源的优化、优质课程资源的开发要靠全世界的优秀教师队伍共同努力。教学法的改进与实施更需要师生共同完成,在不断交流互动的过程中磨合出线上教学的最优方法。

线上教学语言不仅包括传统的课堂语言,还有人机互动语言。教学平台上的系统语言是教学语言的延伸,帮助推动课堂环节的进行,因此,教学平台上的系统语言不能是生硬、冰冷的机器语言,也不能是命令式语言。人工智能系统在发布任务时有语音和文字两种模式,其中,语音模式使用的是标准的汉语语音,更容易让学生听清指令。文字模式对学生的识字能力有较高要求,并且在人机互动过程中始终会伴随汉字出现,因此更适合中高级汉语水平的留学生。关于这两种模式的人机互动语言,下文还会继续探讨。总之,线上课堂教学语言的形式更丰富,呈多模态化,音频、视频都可以作为教学语言的延伸,这也为教师提供了一些新的教学思路。

三、线上课堂的互动性

目前线上课堂教学面临的挑战主要集中在"注意力、交流、沟通、反馈、情感"这几个关键词上,归根结底是师生互动的问题。互联网作为知识传授的新媒介,改变了传统课堂的教学场域,师生不能面对面交流沟通,影响了课堂互动。根据内容的不同,互动可以分为知识互动和情感互动。与传统课堂的知识互动类似,线上课堂的知识互动要求老师掌握学生的学习状态和动向,通过习题和问答检验学习效果,是知识讲授的核心环节。不同的是教师对学生监督的时间不足，互动难度较大。情感互动是指师生在课堂中进行有温度的、真实的情感交流。正向的情感互动有助于提高学生的学习积极性，降低情感过滤，是线上教学尤为缺乏的互动模式。

（一）知识互动

知识互动是课堂互动的核心环节，是开展良性教学的引擎。知识互动的前提是了解对方的信息储备，知道对方掌握什么，并且在互动过程中实时更新和共享知识。课堂上知识互动存在一个互动偏向，老师要先掌握主动权，迅速了解学生的知识水平，然后再引导学生学习新知识，做出反馈。学生在完成知识的初步内化之后会产生一些新问题，并且自主提问，逐渐掌握知识互动的主动权。

诚然，线上教学的互动性与直观性不如线下教学，但这并不意味着线上教学难以实现高效的互动。Jing Jiang 等（2012）采用近红外技术研究面对面对话、背对背对话、面对面独白、背对背独白四种任务下的脑区活动，发现面对面对话任务下，交际双方于神经同步相关的脑区有明显激活。[①] 课堂教学的有效互动除了与面对面对话有关，还包括了新旧知识的链接、学习者的注意力、教学语言的生动性和知识点的分散程度等因素，尤其是新旧知识的衔接。教师应该帮助学习者为其建立原有知识与新知识的连接，满足"i+1"的知识输入，在极大程度上提高教学的知识互动，实现"有意义学习"。需要补充的是，此处的新旧知识与传统线下课堂讲的新旧知识不完全一样，它还包括线上翻转课堂的知识互动。

1. 知识互动的教学理念——把握新旧知识节点

翻转课堂是近几年十分流行的一种教学模式，集中体现了"以学生为中心"的理念和对信息技术的综合运用。翻转课堂的核心理念是把简单易学的部分让学生在课前自主学习，课上通过师生间的知识互动以促进学生的知识内化，是一种新型的"课前+课上"的教学模式。翻转课堂突破了时空条件

[①] 冯丽萍（2020）指出该研究最后得出交际双方的有效互动可增强人际神经同步，但人际神经同步并不仅限于实时互动条件，这为线上教学模式的互动性又提供了进一步研究的方向。

的限制，适用于有广阔教学环境的对外汉语教学，也是线上教学的典型模式。

翻转课堂可以很好地展现新旧知识的连接与互动。学生在课前学习新知识，通过录播自学。不同于传统课堂的简单预习，翻转课堂的预习是高强度的"预习"，且辅以习题，以检验自学效果。课堂上老师根据系统反馈的课前自测错题进行讲解，此时学生自学的新知识发展到了尚未完全掌握的旧知识阶段，老师需要严格精准地监控旧知识的练习过程，把握好新旧知识遗忘和纠错的关键节点。这也是知识和记忆的双重互动节点，应保持教学进度与学生水平的同步增长，以实现线上教学的有效互动。课后的跟进追踪环节包括作业反馈、课后复习，教师以语音或文字的方式发送评语反馈，便于学生反复检验学习成果。师生的持续互动不仅可以在云端上完成，也可以在即时通信软件上完成，使师生间的知识互动联结更加紧密。

2. 知识互动的神经条件

认知神经科学领域为新旧知识链接提供了有力的佐证。Greg Stephen（2010）采用功能磁共振技术采集了说话者和播放该说话者录音时听话者的脑神经信号，发现人际神经同步在非面对面、非实时互动条件下也可产生。这是因为双方脑活动同步性有利于听话者对后续信息的预测，以及预测成功时的愉悦感和持续参与感。预测成功与否与听话者的注意力密切相关，面对面的实时交流有利于强化注意力的集中程度，但并不是唯一且必需的条件（转引自冯丽萍、郝美玲，2020）。

面对面教学确实有其不可取代的优势，但知识成功迁移的根本原因在于交际双方对信息内容和加工过程的预测、基于预测的互动和调整，以及预测和传递成功基础上的愉悦感。因此，保持师生间脑活动的同步性才是教师进行网络教学设计的重点。如何避免因面对面交流条件的缺失带来的互动性减弱和直观性降低，是当前线上教学需要面临的重要问题。我们需要加强新旧知识的连接，监控学生的知识接收状态，通过增加可理解性输入促进知识互动。

3. 知识互动的技术条件——多模态互动

各种模态都有基于经验的记忆，人类的互动是通过多模态展开的，并从中获取经验知识。如果人们获取信息的渠道是单一的，大脑处理信息的效率也会大打折扣。人类的互动离不开语言,而语言互动难以靠单模态完成,需要通过多种器官感知外部环境,解码编码,才能实现交流。多模态互动重视对互动参与者的语言、身体活动和周围环境进行微观序列分析,强调一种真实的互动语境,尤其适用于教学语境的研究分析,还能参与到学习者的行为监察活动之中。线上教学的师生双向互动正逐步朝向多模态趋势发展,这需要人工智能技术的支持。因此,我们应重点关注人机互动模式,用其辅助课堂管理和教学。比如线上教学的点名和提问可以借助人脸识别和指纹识别技术,有效防止"逃课""替学"等现象的发生。

4. 知识互动的资源条件

线上教学更凸显教学资源的重要性,是一种资源依赖型的教学模式。汉语国际教育的网上资源数量和规模都比较小,可选择性也不大。目前线上汉语教学可使用的资源不足,共享资源尤其缺乏。教材是开展教学的基本指南,一本好的教材能帮助师生顺利完成知识的传授与内化。然而,对外汉语教材的使用现状是线下教材线上用,这既是疫情倒逼线上教学的结果,更是因为教育学界还没能解决线上教学的"三教"问题。

教学资源的共享与多元化是线上教学亟待解决的问题,考虑到知识产权问题,许多课程有权限设置。对此,汉语国际教育界的各机构各单位要同心协力,做到教学资源"云端化"与"一键共享"。随着信息技术的发展,多模态的课程资源将为学习者提供更丰富更多元的学习条件,将文本、图像、音频融为一体,营造一个真实可感的教学环境,使其不再是传统线下教学使用的枯燥课本。各个国家、地区的汉语学习者能有效避免时差、地区的干扰因素选取优质的课程资源,降低学习成本。

(二) 情感互动

课堂互动还包括人际交往的情感互动。传统课堂具有真实的、不完美的师生、生生互动模式。有温度的师生情感互动是线上教学难以重构的教学要素。老师与学生隔着屏幕,不能面对面进行教学,阻碍了师生间的情感交流,缺少了课堂教学的人文关怀气氛。

目前汉语课主要有三类线上教学模式,分别是录播模式、直播模式和录播直播并用模式。三类模式占到所有课程的 98%,其中直播模式使用比例最高（46%），录播模式次之（34%），直播录播并用模式最少（18%）。①直播模式与录播模式各有千秋，两者在网络时差、言语互动、资源共享等方面各有优势。但从情感关怀来看，录播模式下的汉语课堂尤其需要注重情感目标的实现，因为录播课堂断绝了师生互动，截断了师生间的情感纽带，难以体现教师对学生的关心和爱护。

1. 人工智能的互动监测

情感互动的表现形式有很多，除了语言，还有眼神、动作等副语言的表达。线上教学虽然已经尽可能从技术上还原人际交互的条件因素，完成知识互动，但在情感上确实有所缺失。多模态互动中的形式单位主要包括语言单位、身体活动单位及语言和身体活动共同构成的多模态单位。由于教师注意力有限，其在教学中对身体活动单位的关注相对较少，特别是在一些大班的对外汉语教学中。

随着人工智能技术的发展，线上课堂逐渐加强对学生的身体活动监测，有利于提高师生的互动效率。Sacks & Schegloff（1977）注意到了一些身体活动单位的组织形式特征：本位—离位—复位，是指人的身体最初处于一个放松的起始位置，然后离开这个位置，最后再回到原来的位置。教师可以通过预测身体活动的移动轨迹判断学生当前的情感状态，以及对语言点的接受程度。目前，多模态情感交互研究主要基于视觉的研究，如大规模躯体运动、姿势、注视等热点，具体的有人脸识别、表情识别、姿态识别、人运动分析和眼跟踪等。在二语教学的课堂上，老师可以通过眼跟踪了解学生的注视点。比如在做阅读训练时学生在哪个段落或哪一句话停留时间较长，精确掌握教学的重难点部分，这对老师的备课能力和随机应变能力也提出了较高的要求。目前，眼动实验技术还不能大范围地应用于线上教学，但对课堂教学和管理有了新的启示意义。这些信息技术充当了师生之间联系的重要媒介，帮助老师掌握学生的学习状态，遵循"学生为中心"的原则。

2. 即时通信工具的互动弥补

社交软件作为线上教学的辅助软件，有利于开展良好的教学活动。老师

---

① 王瑞烽（2020）分析其他模式如慕课模式、学生自学模式几乎很少有教师使用，仅占2%。

在不同的线上教学模式中使用的教学工具有同样一个明显的特点，即这些教学工具几乎都使用微信群等即时通信工具。一方面，即时通信工具能帮助教师及时便捷地进行作业发布、互动答疑、生生交流等流程；另一方面，即时通信工具弥补了线上教学平台阻碍言语交互实时性和信息传递准确性的缺点，比如回声、杂音等干扰现象。总之，即时通信工具为师生间一对一的交流提供了条件，教师可以通过其帮助学生答疑解惑，增进师生感情。

四、实施"精准个体化学习"，推行"小班任务型教学"

线上教学应持续巩固"学生为中心"的教学理念，尤其是在学生被赋予更多自主权的情况下。传统的师生双向互动模式已经逐渐转变为教师、学生、人工智能技术三位一体的多元互动，借助人工智能技术可以为学生制定精细化的学习计划，有的放矢，拒绝同质化教学。

首先，线上教学对学生的自主学习能力有较高的要求，学生之间的学习动机和学习能力差距较大，部分学生不能有效运用学习策略进行自我调节。教师运用人工智能技术为学生定制"精准个体化学习"能有效解决学生自主学习能力不足的问题。例如，教师可以通过课前预习环节，初步检验学生的自学能力；通过让学生观看如"超星学习通"这类学习平台上的录播课，能够及时记录学生完成作业的水平和状态。录播课中要尽可能多地设置检查点，甚至可以将其设计为任务式的教学环节。教师还可以在课堂上利用人脸识别技术客观评估学生情绪变化，精准掌握学生的状态，避免学生上课走神、不专心等情况的发生。

其次，非面对面教学降低了初级学习者对实时对话的畏难感，延展了自我监控的时间。人工智能技术可以帮助学生合理管控"自我监控时间"，实现效率最大化。还可以根据学生的学习数据，找出其学习过程中的薄弱环节，安排有针对性的学习资源，定制个性化的学习计划，做到真正的"因材施教"。

小班教学是实现精准个体化学习的一个重要举措。语言教学作为一门技能课的教学，精讲多练是核心理念。为了营造传统教学的真实感，提高学生开口率，保证学习效率，应该允许在合理范围内限制班级人数，避免"撒网式"教学。任务式教学的核心是使学生为完成特定任务而进行意义协商与互动,在专注于内容的同时习得语言形式,从而提高交际能力。制造信息差,设定有趣的任务点能激发学生的学习动机,帮助其自然习得语言点。

任务式教学能利用线上课堂的技术条件获得一些优势。教师在发布任务前能快速获取学生的个人信息,由管理系统自动配对小组,节约分组时间。对于线下教学有更强的小组归属感问题,教师在开展线上教学时可以让每个小组快速组建一个线上研讨会,用编号按顺序排列,小组成员在各自会议室里进行讨论。线上研讨会不仅可以使用图像和音频丰富课堂教学的元素,分组完成交流任务,从而方便同组学生之间的交流,避免课堂杂音过大,还可以通过小组竞争、个人展示、角色扮演等课堂活动增强学生的体验感,提高学生的开口率,重构线上教育的"任务型"教学。此外,线上教学可借助人机互动模式,让学生根据音频、视频的指令或描述,在教学界面上完成特定的口语操练任务,对题目做出判断和选择。

五、营造线上课堂氛围感

良好的集体学习氛围有助于激发学生的学习兴趣,增强学习动机。师生间的言语交互、情感互动都是为了营造课堂氛围,具体表现为师生问答、生生竞争等生动鲜活的课堂活动。郑艳群(2001)指出:"课堂教学是由教师和学生组成的集体在一定环境中进行的活动。课堂教学由教师的讲解、示范、提问、学生的练习、回答和讨论等若干环节构成,一堂生动的课堂教学是科学性和艺术性的体现,它造就了一种浓厚的学习氛围。这种使学生融入其中的氛围,充分调动、集中了学习者的能动性,是提高学习效率的主要原因。"

(一) 警惕课堂松弛氛围

二语学习者对问答的畏难感能弥补线上课堂的"松弛氛围",课前学习的录播课和课上学习的直播课都要随机抽查。师生之间真实的问答互动是营造课堂教学氛围必不可少的环节,导入课文、新课教学、拓展延伸等教学环节都离不开师生间的一问一答。问答是教师引导学生跟随其思路获得知识的过程，通过问答可以让学生产生认知上的共鸣。师生问答可以分为"一问多"和"一问一"。其中"一问多"是指所有学生齐声回答，但网络课堂的齐声回答效果并不令人满意。一方面，齐声回答时，学生们的声音会相互干扰，这个问题比传统课堂更明显。另一方面，在齐声回答时，部分缺乏自觉性的学生会回避作答，如果回避作答的学生人数较多，课堂气氛会变得尴尬，阻碍课堂进度。"一问一"是指抽选某一位学生回答问题，这样的作答方式可以帮助学生集中注意力，增强紧张感，与传统课堂的问答差别不大。

线上教学的互动模式有两种，分别是口头互动和文字互动。口头互动可结合视频进行多模态互动，与传统课堂差别不大，只是在点读、确认、打开摄像头和麦克风的过程中要耗费更多的时间。文字互动虽然是单模态互动，但与传统教学相比仍是较为新颖的互动方式，可以进一步考查学生的汉字拼写能力。学生在打字时有较长的监控时间，对于输出信息会经历几次大脑监控，回答的正确率相对较高，因此文字互动更适合用在难度较大的问题上，如拓展延伸部分。老师提问后应给予学生较长时间思考，方便其妥善作答。

（二）监控线上课堂的问答偏误

学习者的一部分畏难感来源于语言偏误，以及被纠正时的愧疚感、紧张感。二语学习者在学习过程中会不可避免地出现一些语言偏误，不同任务的训练对应不同的纠错方式，需要老师花费时间精力来监控偏误。监控偏误包括是否指出偏误和如何纠正偏误两点。在人工智能技术的辅助下，许多偏误能自动纠正，比如学生在进行文字互动时，拼写错误能及时更正，并且软件能够对易错字、常错字进行统计，找出拼写偏误的规律，反馈到老师的课堂系统，方便教师有针对性地进行指导。

口头互动可以利用智能语音识别技术，比如线上口语操练环节对学生朗读的句子进行测评，老师根据结果有针对性地纠正发音。分组进行口头练习时也可以借助人工智能技术进行批阅，归纳统计偏误，并将其有重点地反馈给老师和学生，在节约时间成本的前提下纠错，减少无效作业时间。但口头互动存在这样一个问题：语音偏误一般也会被系统自动更正，且有时候不会提示学生此处的发音问题，这是由于语音识别系统过于智能而导致的。需要注意的是，系统对拼写偏误的纠正是机械的、直白的，不利于学生深刻认识该偏误的严重性。有的学生甚至过于依赖系统的纠错功能，认为"打错了也没什么，系统可以帮我纠正"，这不利于学生汉语水平的进步。

（三）营造生生互动的沉浸式学习氛围

线上教学生态的重构需要营造一个良性竞争、友好合作的课堂氛围。氛围的营造离不开"有效互动"，线上教学的互动形式除了师生互动，还有生生互动。生生互动即学生之间的互动，这是促进学生学习的内生动力。线上教学应该增加活动设计的多样性，激发学习兴趣，多以分组形式安排任务，按照 PBL（Project-based Learning）模式，提高学生的参与度。线上课堂应该完善奖惩机制，形成潜在的学习竞争，定时发布奖惩排名情况。沉浸式学习强调的是学习效率而非时长，线上课堂应当适当减少学习时间，比如将一周五课时减少为一周四课时。学生面对屏幕时注意力集中时间较短，老师需要在有限的课时内合理安排知识点，并尽可能多地安排让学生表达自我的课堂活动，方便获得学生的反馈，促进学生获得个体成就感。

六、结语

知识互动和情感互动依赖的资源条件、技术条件是解除当前危机的客观阻力，我们要拓展网络教学空间，搭建简便实用的、专门的教学平台，这需要网络开发人员和教师共同合作完成。我们需要继续引入人工智能、虚拟现实等技术，为实现多模态互动教学，促进汉语教学情景化，定制精准个体化的学习计划打好基础，重构线上课堂的教学生态。

人际互动并非一定要在面对面的交流中进行，师生间的有效互动依赖新旧知识的连接，保持脑活动的同步性，在线上课堂的教育生态下，教师需要更多的监控手段考察学生的学习状态，有的放矢。创造虚拟学习环境需要营造集体归属感、完善奖惩机制，使学生获得成就感、认同感，做到真正的沉浸式教学。

汉语国际教育正处于改革发展的转折点，对发展中出现的问题，我们不能视若无睹，线上教学的革新也刻不容缓。"从线下看线上"的视角不可取，线上教学是教育技术发展的自然结果。关于如何在突发公共卫生事件的环境中推动全球范围内线上汉语教学的发展，需要在理论和实践两个层面中摸索规律，才能化解危机，实现革新。

引用文献

巴丹，杨绪明，郑东晓，杜敏，邵明明，白乐桑，杜修平，李芳芳，汤天勇，高小平，万众，陈宏，孟凡璧，唐师瑶，史艳岚，杨一飞，朱赛萍，张海威，刘玉屏."汉语国际教育线上教学模式与方法"大家谈[J].语言教学与研究，2021（2）：1－14.

崔希亮. 全球突发公共卫生事件背景下的汉语教学[J]. 世界汉语教学，2020（3）：291－299.

陆俭明，崔希亮，张旺熹，张鹏，梁霞，郑艳群，冯丽萍，孙瑞，郝美玲，古川裕，金海燕，司甜，程红，王辰，项英，季晶晶，赵杨，张黎，包亮，曹秀玲，李先银."新冠疫情下的汉语国际教育：挑战与对策"大家谈（下）[J]. 语言教学与研究，2020（5）：1－16.

冯丽萍. 认知神经科学领域的人际互动研究对新教育生态下二语学习与教学的启示[J]. 语言教学与研究，2020（5）：9－10.

史金生，王璐菲. 新冠疫情背景下高校留学生线上汉语教学调查研究[J]. 语言教学与研究，2021（4）：23－33.

王瑞烽. 疫情防控期间汉语技能课线上教学模式分析[J]. 世界汉语教学，2020（3）：300－310.

张德禄. 多模态话语理论与媒体技术在外语教学中的应用[J]. 外语教学，2009（4）：15－20.

赵杨. 汉语国际教育的"变"与"不变"[J]. 天津师范大学学报（社会科学版），2021（1）：7－14.

Jiang Jing et al. Neural synchronization during face-to-face communication [J]. *The Journal of neuroscience : the official journal of the Society for Neuroscience*，2012（45）.

Schegloff, Jefferson & Sacks, The Preference for Self-Correction in the Organization of Repair in Conversation [J]. *Scientific Research*，1977（53）：361－382.

作者简介

　　王婧，四川大学文学与新闻学院汉语国际教育硕士研究生，研究方向为国际汉语教学。